家庭と教育

子育て・家庭教育の現在・過去・未来

表 真美 著
Mami Omote

Home
and
Education

ナカニシヤ出版

はじめに

　私は3人の子の母親である。働きながら，キャリアアップのために勉強しながら，懸命に子育てに取り組んできた。その子どもたちもすべて成人し，ひとりは社会人として独立している。子どもがいくつになっても親は親で，子育てが完了したとか，成功したとはいえない。少なくとも，決して平坦ではなかった，と思う。1人目の子は，3年生のときにひどいチック症状が出た。2番目の子は，6年生秋の日曜日，自転車に乗って遊んでいて車にはねられ骨折，頭をうって入院した。3番目の子は，高校2年生のときに留年，通っていた公立高校から単位制の高校に転校し，不登校になった。しかし，すべての問題は解決され，今思えば貴重な体験である。これらの出来事についてはコラムに後述している。その四半世紀にわたる子育ての歴史を振り返ってみると，いくつかの「ピンチ」はあったにしても，子どもたちに大いに楽しませてもらい，人生に彩りを与えてもらったととても感謝している。

　本来子育ては楽しいものである。ところが，10年ごとに行われている家庭教育に関する国際比較調査をみると，「子育ては楽しい」と諸外国の多くの親たちが回答するのに対し，日本では低い値にとどまった。なぜ，我が国の親たちは子育てを楽しめないのだろうか。いじめによる自殺の悲しい報道が続いている。近所のおじちゃん，おばちゃんが子どもを見守るような地域のつながりは希薄化し，虐待が見逃されて幼い子どもが傷ついている。登校中の子どもが事故や事件に巻き込まれるケースも少なくない。「ふつうの家庭」で育てられた子どもが凶悪事件を起こすニュースは，われわれを大きな不安に陥れる。「教育格差」も問題になっている。一部の親たちは子どもを「勝ち組」に入れるために，早くから塾や習い事に通わせ，入試を受けさせる。「プレジデントファミリー」「日経キッズプラス」など，男性誌を手掛ける出版社が子育て雑誌を次々と創刊させたのも，そのような状況と関係があるのだろう。子どもを守らなければならない……，子どもが非行に走ったらどうしよう……，子どもを勉強させてよい学校に入学させなければならない……，常に不安に駆られる親の

姿が浮かぶ。子育てを楽しむ余裕がないのもうなずける。ベネッセによる子育て基本調査の経時変化をみると，「子育ても大事だが，自分の生き方も大切にしたい」と回答する割合が，1997年から2008年の11年間で20％近く減少している。自分を犠牲にして子育てを優先させようとする傾向が高まっている。子育ての負担感が増していることの表れであろう。

　総務省統計局は，今年（2013年）も5月5日の「こどもの日」に，4月1日現在におけるこどもの数（15歳未満人口）の推計値を発表した。子ども数，人口における子どもの割合はいずれもここ30年以上減少・低下の一途をたどっている。結婚しなかったり，結婚を遅らせる若者が増えたために，少子化が進んでいることはよく知られている。さらに，2010年に行われた出生動向調査によると，1970年から30年間2.2人前後を保ち続けていた完結出生児数（結婚持続期間15年から19年の夫婦の平均子ども人数）もついに2人を切った。結婚した夫婦も子どもの数を減らす傾向にある。子育てをとりまく社会に対する親たちの不安が反映された結果であろう。

　日本の国力を高めるための「産めよ増やせよ」の政策に加担するつもりはない。先ほども述べたように，子育ては本来楽しいものである。子育ての不安を取り除いて，子育てを楽しみ，その結果として次世代を担う子どもたちを大切にはぐくみ，子どもをとりまく世界を明るくする，その一助となることを目的として本書を編んだ。本書はこれまで私が京都女子大学研究経費助成を受けながら重ねてきた，子育て・家庭教育，小・中学生の生活実態に関する研究と子育ての歴史社会学的研究に，自らの体験による子育ての知恵を加えたものである。

　本書は4部に分かれている。

　第Ⅰ部は，「幼児はどのように育てられているか」として，京都市の保育所・私立幼稚園に依頼して行った4,526家族を対象とした子育て・家庭教育に関する調査の分析結果についてまとめた。第1章では調査結果の概要，第2章では，対象者のうちのひとり親と判断できる161名を分析対象とし，2人親家族との比較を行った。第3章では，子育て支援の利用に焦点をあてて分析した。

　第Ⅱ部は，「小・中学生の生活と家族」として，小・中学生を対象とした5つの質問紙調査の結果を報告している。少し古い調査も含むが，大変興味深い結果が得られ，いずれも今後の子育て・家庭教育を考える上で役立つものであ

る。第4章では，小学校5校の3・4・5・6年生852名を対象に塾・習い事，遊び，家族コミュニケーションに関する質問紙調査を行った結果をまとめた。第5章では，小・中学生538名を対象にテレビ視聴と子どもの人間形成に関する質問紙調査を実施した結果をまとめた。第6章では，小学5・6年生220名を対象に子どものモノの所有・金銭に関する親の養育態度と子どもの金銭感覚に関する質問紙調査を行った結果をまとめた。第7章では，小・中学校において児童・生徒300名を対象に家族の食事と子どもの心身の健康についての質問紙調査を行った結果をまとめた。第8章では，小・中学生746人を対象に子どもの家事労働と人間形成に関する質問紙調査を行った結果をまとめた。

第Ⅲ部では，「子育てと母親の今昔」として，戦前の子育てや母親についての歴史社会学的研究の成果を報告している。第9章では，戦前期の『主婦之友』を資料として，出産・子育て時の性別選好の意識と実態について明らかにした。第10章も同じ『主婦之友』を資料として，母親の就労に関する意識と実態について分析した結果をまとめた。第11章では，食と子育てについて，歴史的な見地も踏まえて考究した。

第Ⅳ部では，「子育て・家庭教育の今後」として，子育てのあり方，家庭教育の視点について述べている。第12章では，子育てと家族について，基本的な知識をわかりやすくまとめた。第13章では，子どもをとりまく現代社会の状況についてまとめた。そして第14章では，1章から11章までに報告した調査結果をもとに，今後いかに子育て・家庭教育に取り組むかを考究した。

コラムには，「男の子・女の子」として，ジェンダーの視点から子育てを捉えたエッセーを掲載した。男女格差是正の立場から，京都市の人権啓発番組に出演した際につくった原稿がもととなっている。また，「子育ての視点」は，私の子育ての際の事例を含めて，9つのテーマについてまとめている。本文の調査結果につながることもあり，実践にうつす際のヒントになると思う。

終章では，次世代を担う子どもたちに平和な世界を残すために，「戦争の真実」について，私の恩師である謝名堂昌信先生の玉稿を掲載させていただいた。

私の子育ては終盤でもう何もすることはない（2人の子の学費を出す以外は）。3人ともまだ結婚していないので，幸せな結婚をしてかわいい孫の顔を見せてもらうことが，もっぱらの私の関心事である。

目次

はじめに　i

第Ⅰ部　幼児はどのように育てられているか ―――― 1
- 第 1 章　現代の子育て・家庭教育　**3**
- 第 2 章　ひとり親家族の子育てと家庭教育　**17**
- 第 3 章　子育て支援利用の実態と課題　**27**

第Ⅱ部　小・中学生の生活と家族 ―――― 37
- 第 4 章　放課後の子どもたち　**39**
- 第 5 章　子どもとテレビ　**47**
- 第 6 章　モノの豊かさと子どもの金銭感覚　**57**
- 第 7 章　家事労働と子どもの人間形成　**65**
- 第 8 章　家族一緒の食事と子どもの健康　**73**

第Ⅲ部　子育てと母親の今昔 ―――― 87
- 第 9 章　戦前期の出産とジェンダー　**89**
- 第 10 章　戦前期の母親の就労　**109**
- 第 11 章　食生活と子育ての歴史的変遷　**129**

第Ⅳ部　子育て・家庭教育の今後 ―――― 139
- 第 12 章　多様化する家族　**141**
- 第 13 章　子育てをとりまく環境　**157**

第 14 章　次世代を担う子どもたちをどう育てるか──研究からの学び── **169**

終　　章　子どもたちに平和な世界を残すために──戦争の真実を伝える── **179**

◆ コラム

男の子・女の子
1. ベビー服はブルー？　それともピンク？　15
2. プリンセスへのあこがれ　26
3. 男の子なのに泣いちゃだめ？　36
4. 私作る人・僕食べる人　46
5. なりたい職業は何？　56

子育て・家庭教育の視点
1. 子どもを産む前にしっかり考えよう　63
2. 「センチ」が生まれた！？　72
3. 「イクメン」は三文の得　85
4. 好きこそものの上手なれ　107
5. 一生分の親孝行　128
6. 子どもに遊んでもらおう　138
7. 子どもを「りんご」に　155
8. ピンチはチャンス？　子どもを信じよう　168

文　献　**185**
あとがき　**195**
索　引　**197**

第Ⅰ部

幼児はどのように育てられているか

第1章
現代の子育て・家庭教育

　家族は子どもが初めて属する集団であり，家庭教育はすべての教育の原点である。現代の幼児は，どのように家族に育てられ，どのような家庭教育を受けているのだろうか。京都市の71の保育所・私立幼稚園に依頼して行った4,526家族を対象とした調査では，子育て・家庭教育についての多くの興味深い実態が明らかになった。本章では，家庭教育や保護者の子育て感，子育て意識，その他子育てをとりまく状況全般についての調査結果を概観しよう。

1. 現代の子育て家庭をとりまく状況

　近年，さまざまな社会状況の変化によって，家族機能は大きく変化し，家庭内における家庭教育・子育てに影響を及ぼしている。1998年6月30日の中央教育審議会答申「新しい時代を拓く心を育てるために―次世代を育てる心を失う危機―」は，「過保護や過干渉，育児不安の広がりやしつけへの自信の喪失など，今日の家庭における教育の問題は座視できない状況である。」とし，家庭教育についての具体的な提言を行った。また，いじめや引きこもり，青少年による凶悪な犯罪は，家庭教育力の低下と結びつけて論じられ，子どもをもつ親たちの不安を増幅させている。家庭教育はすべての教育の出発点であり，子どもの成長にとって大きな役割を担っている。とくに，生活習慣の形成，性格の形成などの基礎は乳幼児期にあり，この時期の家族・家庭生活の重要性は看過できない。

　そこで本章では，幼児を育てる親たちを対象に行った調査より明らかとなった，子どもとの生活，家庭教育の実態，子育てに関する保護者の意識等について報告する。

2. 幼稚園・保育所の協力により実施した保護者調査の概況

　2009年1月中旬に京都市の全認可保育所から乳児保育所を除く246箇所，全私立幼稚園99箇所，計345箇所に質問紙調査の依頼文書を郵送したところ，保育所44箇所，幼稚園27箇所より協力の回答を得たので，2月初旬に各保育所，幼稚園の3・4・5歳児の数に応じて調査票を郵送した。保育所，幼稚園において3・4・5歳児保護者に調査票が配布され，留め置き法により調査が実施された。2月下旬より3月に保育所40箇所，幼稚園24箇所より回収された調査票の返送があった。有効回収数は保育所1,617票，幼稚園2,909票，有効回収率は各々59%，82%である。計4,526票を分析対象とした。

　主な調査項目は，子どもの生活習慣，塾・習い事，子どもの性格認知，将来への希望，家庭教育，子育て支援の利用，子育て感，子育て意識である。

　調査対象となった幼児は3歳児4.6%・4歳児27.8%・5歳児31.7%・6歳児27.7%，男児50.2%・女児47.1%，保護者（記入者）は母親95.9%・父親2.6%，73%が30歳代であった。

3. 家庭教育

　まず初めに，家庭教育は図1-1に示すように，日常的な家庭での共同行動を含む教育に関する事項15項目を設定し，「よくある」「ときどきある」「あまりない」「ぜんぜんない」の4つの選択肢を設けた。「一緒に話をする」「一日の出来事を聞く」頻度が高い一方，「休みの日に家族で美術館や博物館に行く」頻度は低くなった。

　15項目の家庭教育をカテゴリー分けするために因子分析した結果，5因子が抽出された（表1-1）。第1因子は，「挨拶や礼儀作法」「言葉の乱れや流行語」を注意する，の2変数であり，「しつけ志向」とした。第2因子は，「決まった手伝いを毎日させる」「遊びや学習をルールを決めて行う」の2変数であり，「ルール志向」と命名した。第3因子は「ひらがな・かたかな」「数字・算数」「英語」の学習をさせる，の3変数であり，「知育志向」と命名した。第4因子は，「一緒に遊ぶ」「一緒に話をする」「一日の出来事を聞く」「叱るよりほめ

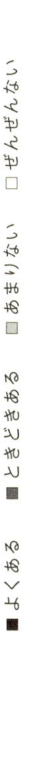

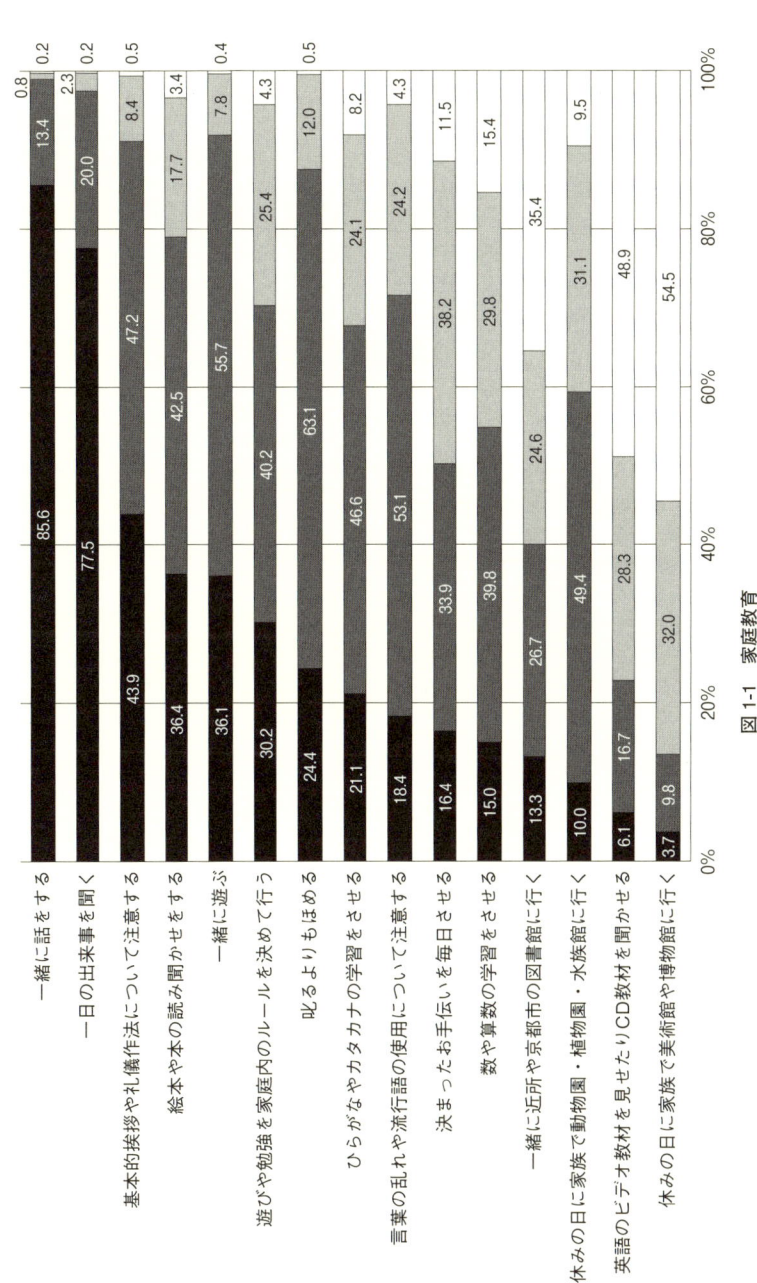

3. 家庭教育　5

■ よくある　■ ときどきある　□ あまりない　□ ぜんぜんない

項目	よくある	ときどきある	あまりない	ぜんぜんない
一緒に話をする	85.6	13.4	0.8	0.2
一日の出来事を聞く	77.5	20.0	2.3	0.2
基本的挨拶や礼儀作法について注意する	43.9	47.2	8.4	0.5
絵本や本の読み聞かせをする	36.4	42.5	17.7	3.4
一緒に遊ぶ	36.1	55.7	7.8	0.4
遊びや勉強を家庭内のルールを決めて行う	30.2	40.2	25.4	4.3
叱るよりもほめる	24.4	63.1	12.0	0.5
ひらがなやカタカナの学習をさせる	21.1	46.6	24.1	8.2
言葉の乱れや流行語の使用について注意する	18.4	53.1	24.2	4.3
決まったお手伝いを毎日させる	16.4	33.9	38.2	11.5
数や算数の学習をさせる	15.0	39.8	29.8	15.4
一緒に近所や京都市の図書館に行く	13.3	26.7	24.6	35.4
休みの日に家族で動物園・植物園・水族館に行く	10.0	49.4	31.1	9.5
英語のビデオ教材を見せたりCD教材を聞かせる	6.1	16.7	28.3	48.9
休みの日に家族で美術館や博物館に行く	3.7	9.8	32.0	54.5

図 1-1 家庭教育

表 1-1 家庭教育の因子分析

	factor1 しつけ	factor2 ルール	factor3 知育	factor4 ふれあい	factor5 情操教育
基本的挨拶や礼儀作法について注意する	0.581	0.066	0.017	0.068	0.049
言葉の乱れや流行語の使用について注意する	0.559	0.081	0.056	0.025	0.02
決まったお手伝いを毎日させる	0.063	0.49	0.075	0.095	0.123
遊びや勉強を家庭内のルールを決めて行う	0.094	0.619	0.126	0.088	0.11
ひらがなやカタカナの学習をさせる	0.102	0.064	0.82	0.117	0.038
数や算数の学習をさせる	0.038	0.146	0.877	0.078	0.026
英語のビデオ教材を見せたりCD教材を聞かせる	0.027	0.041	0.336	0.019	0.272
一緒に遊ぶ	0.034	0.04	0.039	0.419	0.222
一緒に話をする	0.005	0.093	0.031	0.605	-0.042
一日の出来事を聞く	0.032	0.065	0.052	0.566	0.026
叱るよりもほめる	-0.233	0.085	0.074	0.436	0.208
絵本や本の読み聞かせをする	-0.008	-0.027	0.115	0.387	0.433
一緒に近所や京都市の図書館に行く	-0.048	0.103	0.025	0.073	0.478
休みの日に家族で動物園・植物園・水族館に行く	0.02	0.063	0.051	0.224	0.354
休みの日に家族で美術館や博物館に行く	-0.013	0.108	0.04	-0.022	0.541

る」の4変数であり、「ふれあい志向」と命名した。第5因子は「絵本の読み聞かせ」、「図書館」「動物園・植物園・水族館」「美術館・博物館」に連れていく、の4変数であり、「情操教育志向」と命名した。家庭教育の15項目が因子分析によってこの5つの因子に分解されたことは、礼儀作法を注意する親は言葉の乱れに関しても注意をする、お手伝いをさせる親は家庭のルールを決めている、ひらがなやカタカナの学習をさせている親は同様に数や算数、英語の学習をさせている、一緒に遊ぶ親は、子どもと話をしたり、子どもの話をきいたり、子どもをほめている、読み聞かせをしている家族は、一緒に図書館や動物園、博物館に行く傾向があるということを意味している。家庭で行われている教育は、①礼儀作法・言葉づかいなどのしつけ、②ルールを決めてそれを守ること、③知的学習、④親子のふれあい、⑤子どもとともに施設を訪れて文化にふれること、に分類できることが示唆された。

子どもが通っている習い事も尋ねている。習い事は、「何もしていない」「水泳」「水泳以外のスポーツ教室」「地域のスポーツチーム」「バレエ・リトミック」「楽器の個人レッスン」「音楽教室」「お絵かきや造形教室」「習字」「そろ

ばん」「英語」「計算・書き取りなどのプリント教材教室」「通信教育」「小学校受験のための塾や家庭教師」「その他」の15の選択肢を設け複数回答とした。「何もしていない」との回答が41.8%，習い事は水泳が21.3%でもっとも多く，次いで水泳以外のスポーツ教室（13.3%），通信教育（12.4%）であった。

また，親の教育期待として，「将来お子さんをどこまでの学校へ進学させたいとお考えですか」の質問に，「中学校」「高校」「専門学校・各種学校」「短期大学」「4年制大学」「大学院」「その他」の7の選択肢を設けて尋ねた。4年制大学が54.7%と過半数を占め，次いで高校が12.3%，その他（9.3%）では「本人次第」という回答がほとんどであった。

4. 子育て感

子育て感については，10項目をあげ，「日ごろの子育てに関し次のように思うことがありますか」との問いに対し，「よくある」「ときどきある」「あまりない」「ぜんぜんない」の4つの選択肢を設けた。10項目の質問は，牧野による14項目の育児不安スケールのなかから（牧野1988），イライラの状態「子どもがわずらわしくてイライラしてしまう」「自分は子どもをうまく育てていると思う」，育児不安兆候「子どものことでどうしたらよいかわからなくなることがある」，育児意欲の低下「自分一人で子どもを育てているのだという圧迫感を感じてしまう」「育児によって自分が成長していると感じられる」「毎日毎日同じことの繰り返ししかしていないと思う」「子どもを育てるために我慢ばかりしていると思う」の7項目を採用した。残りの3項目は育児不安兆候として，手島・原口によるスケールから（手島ほか2003），「子育てに失敗しているのではないか」「子どもと一緒にいると楽しい」「子育てのために趣味や仕事を制約される」との項目を加えた。

集計の結果を図1-2に示した。「子どもと一緒にいると楽しい」「子育てによって自分が成長している」というプラスの考えに肯定する母親は9割前後でとても多いが，「毎日同じことの繰り返し」「仕事や趣味を制約される」「どうしたらよいかわからない」と思う母親も5割前後いた。「子どもがわずらわしい」と思うことが「よくある」と答えたのは1%43人で少ないが，「ときどきある」を

■ よくある　■ ときどきある　□ あまりない　□ ぜんぜんない

項目	よくある	ときどきある	あまりない	ぜんぜんない
子どもと一緒にいると楽しい	68.9	29.2	1.9	0.1
子育てによって自分が成長している	48.8	41.2	9.2	0.6
毎日同じことの繰り返しである	22.5	41.4	27.2	8.9
子どものために仕事や趣味を制約される	11.0	38.9	32.4	17.7
自分は子どもをうまく育てている	7.5	50.9	38.0	3.6
子どものことでどうしたらよいかわからない	6.9	48.6	36.9	7.6
自分一人で子どもを育てている	5.5	16.0	33.4	45.1
子育てに失敗しているのではないか	5.4	38.1	44.6	11.9
子どものために我慢ばかりしている	2.4	22.5	50.6	24.2
子どもがわずらわしい	1.0	18.1	37.0	43.8

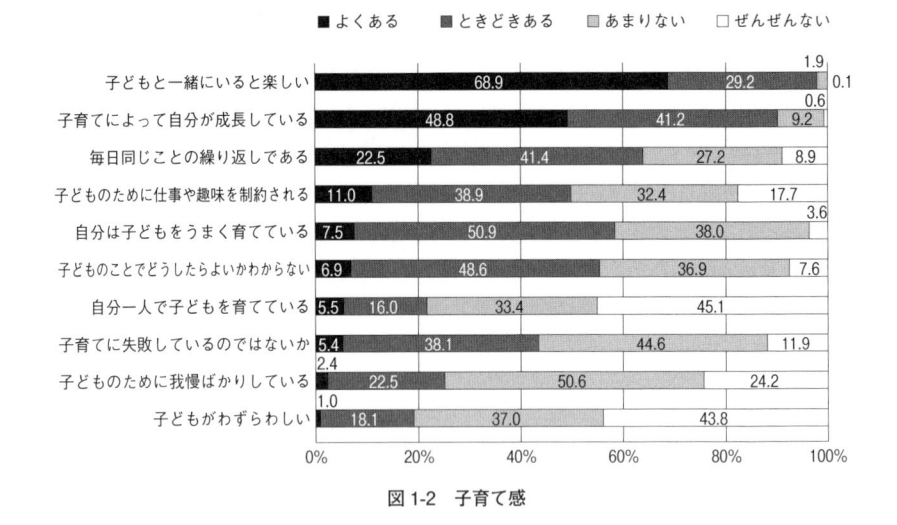

図 1-2　子育て感

表 1-2　子育て感の因子分析

	factor1 前向き	factor2 不満	factor3 不安
子育てによって自分が成長している	0.54	-0.092	-0.102
子どもと一緒にいると楽しい	0.688	-0.172	-0.111
自分ひとりで子どもを育てている	-0.084	0.798	0.142
子育てのために我慢ばかりしている	-0.155	0.798	0.142
毎日同じことの繰り返しである	-0.133	0.432	0.138
子どもがわずらわしい	-0.402	0.466	0.224
子どものために仕事や趣味を制約される	-0.071	0.594	0.051
子育てに失敗しているのではないか	-0.098	0.236	0.819
子どものことでどうしたらよいかわからない	-0.061	0.276	0.677
自分は子どもをうまく育てている（反転）	0.261	0.014	-0.458

合わせると，母親全体の 19.1％ にのぼる。

　子育て感の 10 変数をカテゴリー分けするために因子分析を行った結果，表 1-2 に示すように，3 因子が抽出された。第 1 因子は「子育てによって自分が成長している」「子どもと一緒にいると楽しい」の 2 変数であり，「前向き育児」と命名した。第 2 因子は「自分ひとりで子どもを育てている」「子育てのために我慢ばかりしている」「毎日同じことの繰り返しである」「子どもがわずらわし

い」「子どものために仕事や趣味を制約される」の5変数であり，「不満育児」と命名した。第3因子は「自分は子どもをうまく育てている（反転）」「子どものことでどうしたらよいかわからない」「子育てに失敗しているのではないか」の3変数であり，「不安育児」と命名した。不満傾向，不安傾向の強い保護者は，子育てによくない影響を及ぼす恐れがある。何らかの形で，支援する必要があるだろう。

また，子育ての満足度についても尋ねている。「あなたは現在，お子さんの生活習慣やしつけの状況に全体として満足していますか。」との質問に，「とても満足している」「まあ満足している」「あまり満足していない」「まったく満足していない」の4選択肢を設けた。全体の各々の回答率は，4.6％，67.6％，25.1％，1.5％であった。

5. 子に対する親の認知

子どもの性格や態度などを保護者がどのように感じているかを調べるために，肯定的，否定的な性格や態度をそれぞれ4項目ずつ設定し，あてはまるかどうかを尋ねた。図1-3にその結果を示している。全体的に肯定的な回答が多くみられた。

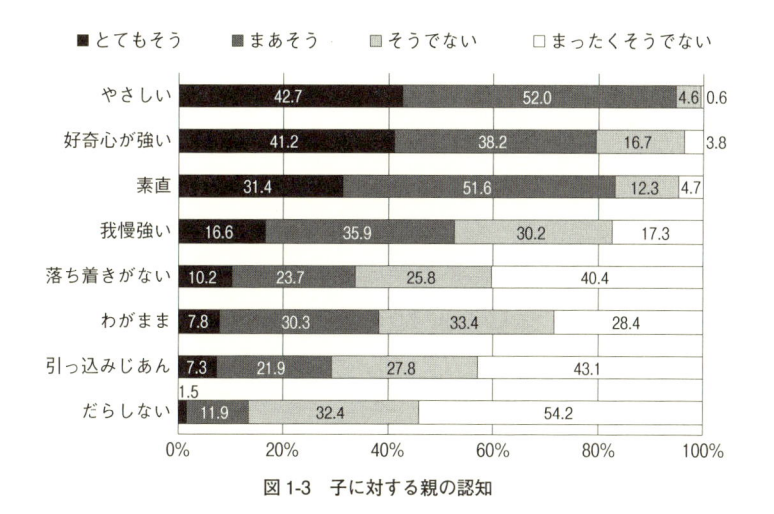

項目	とてもそう	まあそう	そうでない	まったくそうでない
やさしい	42.7	52.0	4.6	0.6
好奇心が強い	41.2	38.2	16.7	3.8
素直	31.4	51.6	12.3	4.7
我慢強い	16.6	35.9	30.2	17.3
落ち着きがない	10.2	23.7	25.8	40.4
わがまま	7.8	30.3	33.4	28.4
引っ込みじあん	7.3	21.9	27.8	43.1
だらしない	1.5	11.9	32.4	54.2

図1-3　子に対する親の認知

表1-3 子に対する親の認知の因子分析

	factor1 問題児	factor2 いい子	factor3 内向的
落ち着きがない	0.617	-0.027	0.182
だらしない	0.631	-0.099	-0.008
わがまま	0.482	-0.241	-0.032
やさしい	-0.74	0.684	-0.065
すなお	-0.163	0.504	0.1
引っ込みじあん	0.049	0.077	-0.553
好奇心が強い（反転）	0.177	0.208	0.53

　子に対する親の認知をカテゴリー分けするために因子分析を行った結果，表1-3に示すように3因子が抽出された。第1因子は「落ち着きがない」「だらしない」「わがまま」からなり，「問題児」と命名した。第2因子は「やさしい」「すなお」からなり「いい子」と命名した。第3因子は「引っ込みじあん」「好奇心が強い（反転）」からなり「内向的」と命名した。今回の調査では，親からみた子どもの性格や態度は，いい子か問題児，あるいは内向的の3つに分かれることが明らかになった。

6. 子育て意識

　子育て意識は，「あなたは子育てに関しどのような考えをおもちですか。」

■ 非常にあてはまる　■ かなりあてはまる　☐ 少しあてはまる　☐ まったくあてはまらない

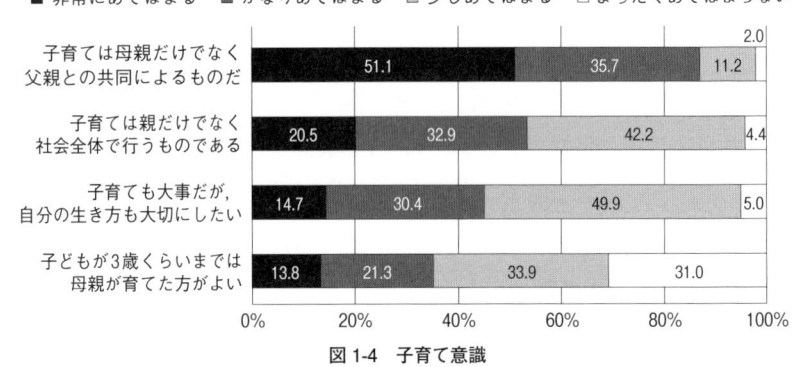

項目	非常にあてはまる	かなりあてはまる	少しあてはまる	まったくあてはまらない
子育ては母親だけでなく父親との共同によるものだ	51.1	35.7	11.2	2.0
子育ては親だけでなく社会全体で行うものである	20.5	32.9	42.2	4.4
子育ても大事だが，自分の生き方も大切にしたい	14.7	30.4	49.9	5.0
子どもが3歳くらいまでは母親が育てた方がよい	13.8	21.3	33.9	31.0

図1-4　子育て意識

との質問に関して，図1-4に示す4項目について，「非常にあてはまる」「かなりあてはまる」「少しあてはまる」「まったくあてはまらない」の選択肢を設けた。「子育ては母親だけでなく父親との共同によるもの」「子育ては親だけでなく社会全体で行うもの」「子育ても大事だが，自分の生き方も大切にしたい」の順に肯定する割合が高くなった。とくに「父親との共同」という考え方に「非常にあてはまる」者は半数以上にのぼった。

7. 子育てネットワーク

　子育てネットワークは，図1-5に示す5項目について，「よくある」「ときどきある」「あまりない」「ぜんぜんない」の選択肢を設け，「夫婦で話し合う」「夫が育児や家事をする」に関しては，「該当しない」の選択肢を加えた。後述するように，このような子育てのネットワークが母親の育児不安を軽減することに貢献していることが多くの先行研究からも明らかである。

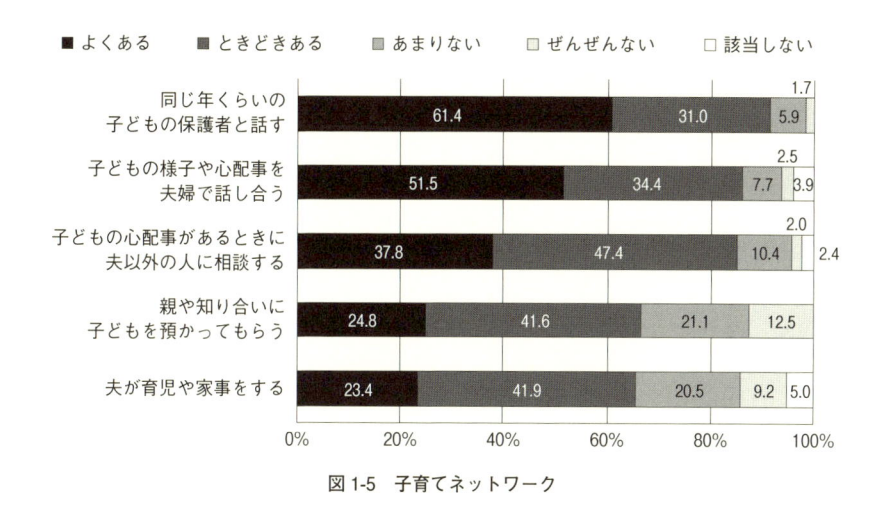

■よくある　■ときどきある　■あまりない　□ぜんぜんない　□該当しない

項目	よくある	ときどきある	あまりない	ぜんぜんない	該当しない
同じ年くらいの子どもの保護者と話す	61.4	31.0	5.9	1.7	
子どもの様子や心配事を夫婦で話し合う	51.5	34.4	7.7	2.5	3.9
子どもの心配事があるときに夫以外の人に相談する	37.8	47.4	10.4	2.0	2.4
親や知り合いに子どもを預かってもらう	24.8	41.6	21.1	12.5	
夫が育児や家事をする	23.4	41.9	20.5	9.2	5.0

図1-5　子育てネットワーク

8. 夫婦での話し合い，母親の就業は不安や不満を軽減する

　子育ての不満や不安を減少させるには，夫婦で話し合うことや，母親の就業

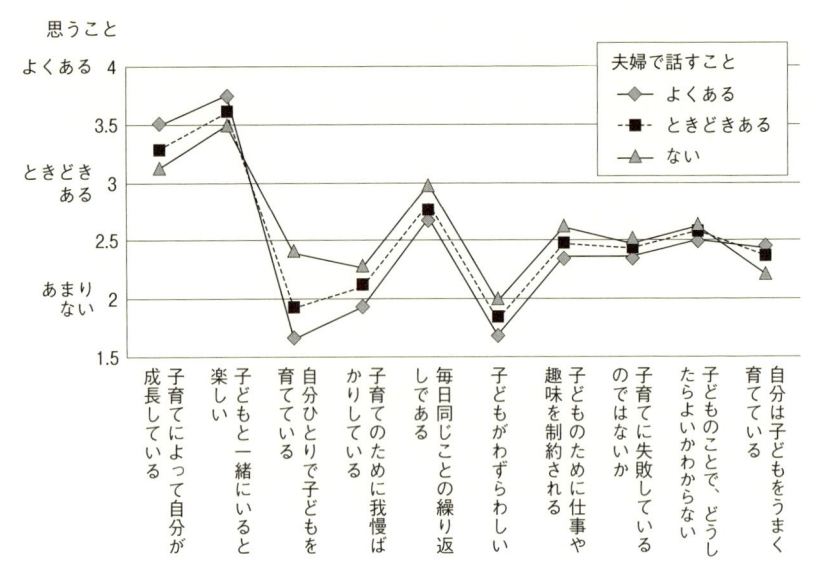

図1-6 夫婦での子育ての話し合いと子育て感

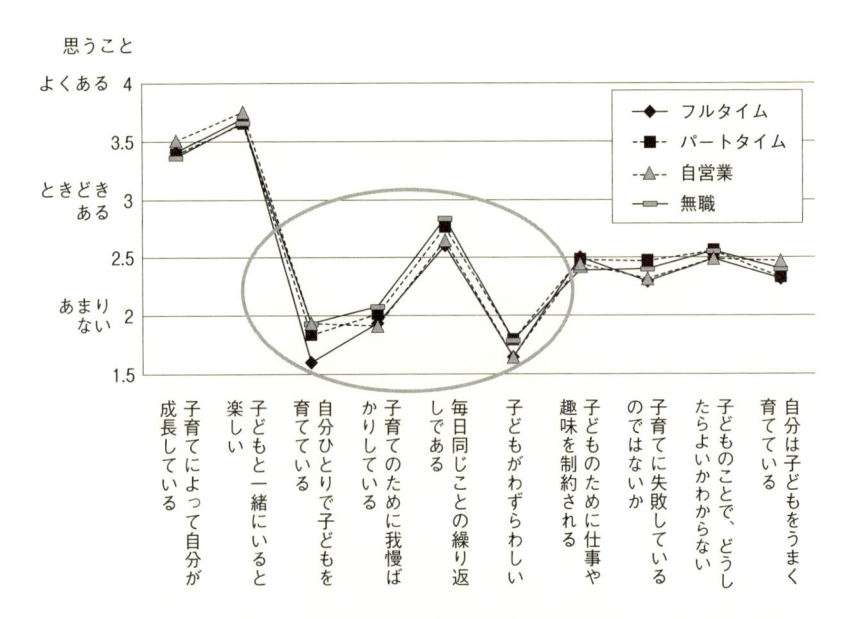

図1-7 母親の職業と子育て感

が影響を及ぼしていた。図1-6の夫婦での話し合いが「ない」と回答したグループの結果に注目してほしい。全項目においてポジティブな質問の平均値は低く，ネガティブな質問は平均値が高くなっている。とくに「自分ひとりで子どもを育てている」と思う頻度はほかのグループを大きく引き離して高くなった。

　また，母親の職業別に子育て感の平均値をみると（図1-7），「自分ひとりで子どもを育てている」「子育てのために我慢ばかりしている」「毎日同じことの繰り返しである」「子どもがわずらわしい」と思う頻度はいずれも無職がもっとも高くなっている。無職の母親の育児不安傾向が大きいことは先行研究でも明らかになっている（牧野1982, 1988）。ほかに逃げ道のない閉鎖された育児環境が，このような結果につながっているのだろう。

9. 現代の子育てと家庭教育

　今回の調査の結果は，以下のとおりにまとめることができる。

　幼児をもつ家庭では，一緒に話す，一日の出来事を聞く，挨拶や礼儀作法の注意に関しては約9割の家庭で行われ，次いで絵本の読み聞かせの頻度が高かったが，図書館の利用は少なく，動物園，美術館などはあまり行っていなかった。

　子育てに関して，多くの母親が「子どもと一緒にいると楽しい」，「子育てによって自分も成長している」と感じる一方で，「子育てによって制約をうける」，「どうしたらよいのかわからない」という不安を抱える割合も多く，4分の1以上が子育てに満足していない実態があった。年齢が上がるにつれて育児への自信が高まるが，趣味や仕事への関心も高まり，制約感を感じる割合が高くなった。若い保護者に不安が高い傾向は，子どもの年齢に関係なくみられ，育児支援などの必要性が示唆される。また，拡大家族よりも核家族の方が育児に対する不満が大きい。拡大家族では，祖父母に子どもを預けやすい環境にあり，不満の解消に役立つと考えられる。

　保護者の就業形態別に子育て感の傾向をみると，自営業がもっとも前向きに育児に取り組んでいた。自営業は，子どもに「知育」をしたり，文化施設に連れていく「情操教育」の頻度，習い事の平均数も高い傾向にあった。調査対象

の地域の幼稚園・保育所に通わせる自営業の家族は，個人経営商店のほか，会社経営，開業医なども含まれていて，収入が高く，余裕があることが考えられる。また，自営業は，雇用者と比較して時間の融通性があり，子育てを優先することが出来るからではないか。一方，前向きな育児感が低いのはパートであった。母親がパートタイマー場合，生計維持のためやむを得ず働いている家族が多いため，生活の余裕のなさが，子育てにも影響を及ぼしているのだろう。前節で述べたように，育児への不満傾向が強いのは無職，不満が少ないのはフルタイムであった。近年，保護者の間に子育てを優先する意識が高まっていることを，本書の冒頭で述べた。「子育ても大事だが，自分の生き方も大切にしたい」と回答する割合が，1997年から2008年の11年間で20%近く減少している，という（ベネッセ2008）。とくに無職の母親は，自分を犠牲にして子育てしようとするのであろう。このような傾向が逆に子育てにマイナスの影響を及ぼさないとも限らない。保護者のもつ子育ての不安や不満を緩和するために，子育て支援の必要性が示唆される。本調査では，子育て支援の利用は母親の子育てに対する不満を緩和する傾向にあったが，利用率は約3割と少なかった。

　子育ての不安や不満にもっとも良好な影響を及ぼしていたのは「夫婦で話し合う」「夫が家事育児をする」「夫以外の人に相談する」「同じ年くらいの子どもの保護者と話す」「親や知り合いに子どもを預かってもらう」といった子育てネットワークであった。子育ては母親ひとりで行うものではない。周囲の協力が必要であることが改めて明らかになったといえる。

　さらに，絵本の読み聞かせ，図書館，動物園，美術館などへ子どもを連れて行く「情操教育」を行う頻度の高い保護者は，子どもに対して肯定的な見方を行う傾向が強く，前向きな子育て感をもち，子育て満足度も高かった。子育てには時間や気持ちの余裕が大きく影響することが示唆された。ほかの調査結果では，このような情操教育が子どもにプラスの影響を及ぼしていることが明らかになっている。とくに幼い子どもには，文字や算数，英語の「知育」よりも，このように視野を広めるための家庭教育が必要とされていることを表している。

コラム　男の子・女の子

1. ベビー服はブルー？　それともピンク？

　我が国では，若者が結婚しなかったり，結婚を遅らせたりするため，子どもの数が減り続けています。身近な人が妊娠したり，出産したことを聞くととてもうれしくなるものです。

　お祝いのベビー服を選ぶとき，まず，考えるのは赤ちゃんの性別です。最近は生まれる前に性別を知ることができます。どちらでも親にとっては子は宝，では，どうして生まれる前に性別が知りたいのでしょう。出産前に時間をかけて子どもの名前を考えたり，ベビー服の準備ができることが理由の一つです。最近人気の男の名前は，男の子は大きいに飛翔の翔と書いてヒロトさん，女の子は太陽の陽に菜っ葉の菜でヒナさん（ベネッセ調べ：2012年はともに2位）だそうです。男の子には大空を翔けめぐるように将来の活躍を期待する一方，女の子の名前は暖かくやさしいイメージです。子どもの名前が多様化し，男女の区別がつかない名前も珍しくなくなりましたが，このように男らしい名前，女らしい名前が選ばれる傾向が今も続いています。では，ベビー服はどうでしょう。生まれたての赤ちゃんは男女の区別がつきませんから，女の赤ちゃんがお兄ちゃんのお下がりのブルーのベビー服を着ていたら，誰もが男の子と思うでしょう。病院の白い産着から，周りの大人たちの思惑によってブルー，ピンクのベビー服に着替えた子どもたちは，その後の成長過程でも，男の子色，女の子色の子ども服を着ます。そして与えられるおもちゃも，男の子向きは青や緑，女の子向きは赤やピンクのものが多いのです。このように，子どもは生まれる前から，男の子，女の子に区別されて，男の子は将来の活躍，女の子はやさしさ，暖かさが期待され，それぞれにふさわしいとされる色が与えられます。

　私は子どもたちに赤ちゃんのときから男女にとらわれず色鮮やかな服を着せるのを楽しみに育てました。現在，上の男の子の決め色は赤，赤いTシャツやセーターを好んで着ます。芸術家志望の下の男の子は小さいときからオレンジ色が大好きです。最近はベビーピンクの服が気に入っているようで，よく着ていますが，なかなか似合っていると思います。社会・文化のなかで習得していく性差をジェンダーといいます。子どもの名前や子どもの着る服は，ジェンダー意識形成の第1歩となります。

第2章
ひとり親家族の子育てと家庭教育

　離婚の増加を背景に，ひとり親家族に育つ子どもが増えている。厚生労働省による母子世帯等への調査では，母子世帯の平均年収が低く，子育てに悩みを抱えていることが明らかになった。第1章で述べた調査対象者のなかには，ひとり親家族と判断できる161名が含まれていた。ひとり親家族の子育て・家庭教育は，2人親家族と異なるのか。本章では，両者の違いを分析し，ひとり親家族への支援の課題について考究する。

1. ひとり親家族の現状

　ひとり親世帯は，離婚の増加を背景に大きく増えている。1990年代になり徐々に離婚件数が増加していることは，社会全体の離婚観の変化と無関係ではない。「離婚も止むを得ず，人生をやり直す再出発点である。離婚をした方が得であり，夫婦関係がうまくいかなければ，子どものためにも離婚した方がよい」といった前向きな方向に意識が変化しているといわれる（神原2004）。実際，未成年の子どものいる夫婦が離婚する割合は，全離婚件数のおよそ6割であり，そのうち7割は母親がすべての子どもの親権者，2割が父親が親権者となり，残り1割は複数の子どもの親権を夫婦が分け合っている。

　神原は，大阪市で行われた調査などから，ひとり親家庭の生活困難な実態や，複合的な子育ての悩みを抱えていることを明らかにしてきた（神原2006，2007，2008，2010）。また，経済格差による子育ての2極化が問題になるなか，低所得層に多くの母子世帯が含まれていることも事実であり，社会的支援の必要性が論議されている（湯澤2009，竹村2009）。平成18年に厚生労働省が行った調査では，平成17年度の母子世帯の平均年収は213万円，一般世帯平均の

38％であった（厚生労働省 2006）。

　一方，離婚の急増を背景に，平成 14 年，「母子及び寡婦福祉法の一部を改正する法律」が成立，平成 15 年 3 月，厚生労働省から「母子家庭及び寡婦の生活の安定と向上等の措置に関する基本的方針」が提出され，母子家庭への支援は「給付から自立促進」へ大きく転換した。すなわち，これまでの児童扶養手当て中心の支援から就業・自立に向けた総合的な支援となり，各自治体において母子家庭の自立促進計画を定めることとなった。これらの改訂により，児童扶養手当が実質削減される家庭が増加し，生活困窮度がますます高まるのではないかとの懸念が広まった（神原 2008，中野 2008）。各自治体は，独自の計画に従って，保育所の優先入所などの①子育て・生活支援のほか，②就業支援，③経済的支援などを行っている（澤田 2008，室 2008，本村 2008）。

　ひとり親家族支援の具体的内容を検討するには，ひとり親家族の子育て，家庭教育についての実態を知ることが必要である。

　これまでは，ひとり親家族のみを対象として実態調査が行われてきた。第 1 章で述べた幼児を育てる家族を対象に行った調査において，ひとり親の母親と判断できる 161 名の調査対象者が含まれていた。本章では，2 人親家族と比較することをとおして，ひとり親家族の子育てと家庭教育の実態を明らかにする。

2．対象とするひとり親家族の状況

　ひとり親の母親を区別するために，「子育てについて夫婦で話し合う」ことの頻度を問う質問の 4 つの選択肢に加えて，「5．該当しない」との選択肢を設けた（第 1 章 11 ページ参照）。「5」を選択した 161 名をひとり親の母親と判断した。この方法では，ひとり親か否かを正確に区別できていない恐れがある。しかし，保育所，幼稚園をとおして不特定の保護者を対象に行った本調査では，人権に配慮した調査票である必要があり，止むを得ない処置であった。母親の対象者から，すべてのひとり親の母親を区別できていない，また，ひとり親ではないが夫の協力がまったく得られない母親が含まれている恐れがあるが，この 161 名は，一部にみられた自由記述からも，ひとり親の可能性が極めて高いことが推察できた。

ひとり親家族の母親は，幼稚園に子どもを預ける母親が29名（18%），保育所は132名（82%）であった。平均子ども数は1.82人であり，2人親の家族の平均子ども数2.08人よりも有意に低くなった。母親の年齢は，20歳代36名（22.4%），30歳代95名（59%），40歳代28名（17.4%），無回答2名（1.2%）であり，2人親と比較すると20歳代の母親が有意に高くなっている。職業は，フルタイム56名（34.8%），パートタイム78名（48.4%），自営5名（3.1%），無職20名（12.4%），無回答3名（1.3%）である。親と同居している者は55名（34.2%），別居106名（65.8%）であった。保育所に預ける比率，フルタイム・パートタイム，同居の割合が，2人親家族よりも高くなっている。

3. 2人親と比較したひとり親家族の家庭教育

　ひとり親家族の家庭教育について，2人親との有意差がみられたのは，15項目中「絵本や本の読み聞かせをする」（$p=0$），「一緒に近所や京都市の図書館に行く」（$p=0.001$），「休みの日に家族で動物園・植物園・水族館に行く」（$p=0$），「休みの日に家族で美術館や博物館に行く」（$p=0.29$）の4変数であった。よくある4，ときどきある3，あまりない2，ぜんぜんない1の平均値をひとり親，2人親別に図2-1に示した。いずれもひとり親の頻度が低くなっている。これらの家庭教育は，優先順位から判断すると，目にみえる効果がすぐに期待できな

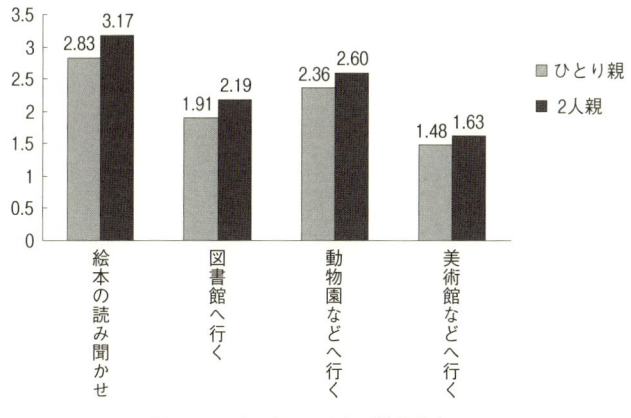

図2-1　ひとり親・2人親別情操教育

	ひとり親	2人親
絵本の読み聞かせ	2.83	3.17
図書館へ行く	1.91	2.19
動物園などへ行く	2.36	2.60
美術館などへ行く	1.48	1.63

い性質のもので，必要不可欠なものではなく，付加的な情操教育といえよう。時間的余裕と小さい子どもを連れて外出するための人手も必要である。ひとり親の母親が行いにくい家庭教育の具体的内容が明らかになったといえる。

さらに，ひとり親の母親による解答だけを取り出して，年齢，職業，同別居による家庭教育を分析したところ，一緒に図書館に行く頻度は，40歳代がほかの年代よりも高く，また，同居の母親が別居の母親よりも高い結果となった。

4. ひとり親家族の習い事と教育期待

習い事については，3～5歳児が調査の対象であるので，何もしていない子どもが全体の4割以上であったが，習い事の平均数はひとり親は0.64，2人親は0.99であった。t検定の結果，ひとり親家族の子どもは有意に習い事の数が少ない結果となった（$p=0$）。後述の自由記述（B）にもあるように，経済的に困難な状況がうかがえる。

習い事の数に関しても，家庭教育と同様にひとり親のなかで分析を行ったところ，同居の方が平均数が多く，職業では，平均数が，フルタイム，無職，自営業，パートタイムの順で有意に高くなった。同居の方が経済的に余裕がある，また，職業も経済状況を反映しているものと考えられる。

子どもを進ませたい学校段階（教育期待）についてクロス検定集計を行ったところ，有意な差が認められた（$p=0$）。高校と大学に大きな差がみられる。ひとり親は大学に進ませたい割合が大変低くなり（ひとり親37.3％，2人親55.7％），高校が2人親の約2倍になっている（ひとり親24.3％，2人親11.8％）。習い事と同様，経済的な状況が背景にあることが推察される。

5. ひとり親の意識と子育てをめぐる環境

t検定を行った結果，子育て感は10項目中3項目に，子育て意識は4項目中3項目に有意差がみられた。子育て感で有意差があったのは，「自分は子どもをうまく育てている」（$p=0.06$），「自分ひとりで子どもを育てている」（$p=0$），「毎日同じことの繰り返しである」（$p=0.051$）であった。ひとり親の母親はうま

く育てているという自信が低く，当然のことながらひとりで育てているという実感が2人親を大きく引き離して高い。また，子育て意識は，「子育ても大事だが，自分の生き方も大切にしたい」（$p=0.001$），「子育ては母親だけでなく父親との共同によるものだ」（$p=0$）．「子育ては親だけでなく社会全体で行うものである」（$p=0$）に有意差がみられた。子育ては父親との共同という考え方が2人親よりも大きく下回ったのは当然の結果であり，自分の生き方を大切にしたい，子育ては社会全体で行うものという考え方が2人親より多かったのも，彼女たちの生き方を反映した回答といえよう。

子育てネットワークに関しては，t 検定により「同じ年くらいの保護者と話す」（$p=0$）は平均値が2人親よりも低く，「親や知り合いに子どもを預かってもらう」（$p=0.002$）は，逆に高い結果となった。ひとり親は，親との同居の率が高いことから，子どもを預けやすい環境にある母親が多いと考えられる。子どもの保護者と話す頻度が低いことは，時間的余裕がないことや，社会的偏見のために孤立しがちな状況なのではないか。後述の自由記述からも，社会的偏見（I）や，子どもの保護者（P）に関する記述がみられる。

子育て満足度の平均値は，ひとり親の母親が 2.62，2人親は 2.76 となり，t 検定の結果，ひとり親が有意に低くなった（$p=0.007$）。母親の親族（子どもの祖父母）との同居が多いものの，66％，106名の母親がひとりで子育てを行っている。家庭教育についての調査結果からは，経済的，時間的にも余裕がないことがうかがわれる。子育てネットワークの結果からは，孤立した実態も浮かび上がる。このような状況が家庭教育や子育て全体の満足度の低下につながっているのであろう。

6. ひとり親家庭の母親の自由記述

質問紙の末尾に「子育てについて，お悩みやご意見などありましたら，どんなことでも結構ですので，ご記入ください」として自由記述欄を設けたところ，684名の記入があり，有効であった659名を分析対象とした。ひとり親家族の母親は，161名中21名に自由記述がみられた（13.0％）。自由記述には，ひとり親家族であることを述べたもののほかに，ひとり親か否かにかかわらない子育

てについての悩みや意見が述べられていた。以下に，その一部を示す。かっこ内には母親の年齢，職業，祖父母との同別居，子ども数を示した。下線は筆者による。

(1) 子どもが自分の責任を負うという気持ち

ひとり親を自分の責任とし，子どもに申し訳なく思い，社会を批判する気持ちを2名の母親が述べた。

A：「うちは母子家庭です。<u>子どもに「ごめんね」とよく思うんです。</u>毎日生活するのに精一杯なせいか，もしくはそれを理由にしているだけか，色んな余裕がなくて，ついつい自分勝手に怒ってしまっている感じで。子どもがかわいそう。毎日ではありませんが，かわいすぎるわが子に愛をこめたハグをしています。この愛子どもに届いてほしいと思います」（30歳代，パートタイム，別居，子ども1人）。

B：「母子家庭で何か習い事をと思うのですが金銭的に無理です。社会が子育てをなんて絵に描いた餅のようで理想論ばかりで一向に現実性はないと思います。教授って本当に何をされているのかなと思います。文献を読んでもたしかにそのとおりでしょうけど子どもってすべてに当てはめてよいのでしょうか。<u>お金のない子どもは一生がみじめな思いをするのはもう社会が決めてしまっていると思います。暴力をふるう夫を選んでしまった私に責任があるのでしょうが，子どもが私の責任を背負うこと</u>になってしまっているのが現実です。この負の遺産を何とかしてやりたいです。頭のいい子なので」（40歳代，フルタイム，別居，子ども2人）。

(2) 父親がいない家庭での子育ての不安

男親がいない家庭での子育ての不安を3名の母親が述べた。

C：「現在一人親なので<u>父親の存在の有無による影響が心配です</u>」（40歳代，パートタイム，同居，子ども1人）。

D：「母子家庭で育てているので<u>男親の子どもと接する態度，立場が全く理解できない。かわりになることもできない。子どもにとってこれでいいのかと少し不安である</u>」（40歳代，無職，別居，子ども1人）。

E:「昨年子どもが三才の時に父親が病死しました。幼稚園で母子家庭はうち一軒だけですのでいろいろ辛いです。(父親参観で体力遊び,運動会で他のパパと組んで行う,名簿に父母の氏名を記入することなど) 保育園なら母子家庭も多いのでそういう配慮があると……」(40歳代,無職,別居,子ども1人)。

(3) ひとりで仕事と子育てを両立することの困難さ

母親一人で仕事と子育てを両立することの困難さ,仕事を見つけることが難しい実態を3名の母親が述べた。

F:「母子家庭で子どもが2人います。パートに出ているんですが,病気した時がすごく困っています」(30歳代,パートタイム,別居,子ども2人)。

G:「最近では母子家庭も増えて周りにも数人私と同じ母子家庭の方もいますが,子供を抱えて仕事の両立とは本当に大変だと思います。子どもがいても働かせてくれる企業が増えれば……と考えております」(30歳代,フルタイム,別居,子ども1人)。

H:「まだまだ母子家庭は子育てしやすい環境ではないです。仕事も子どもがいることで見つからないです。お金もかかるのに保護の額も年々減っています」(20歳代,パートタイム,同居,子ども2人)。

(4) 家族の協力

自身の家族から子育てに協力を得ていることを2名の母親が述べている。

I:「母子家庭ではあるが,私の母と同居しているため家事全般及び子育ての大半を母に依存しています。ただ,父不在の家庭でも一般にいう「普通の家庭」でも楽しくしっかり過ごせるということを私の子どもをはじめ,社会から認めてほしいと思います。(やはり母子家庭に優遇されているという偏見もまだまだあります)」(30歳代,フルタイム,同居,子ども1人)。

J:「母子家庭でありながら,私の父と母の協力を得て,本当に心身共に健康で心のあたたかい子どもに育ってくれています。家族の愛情は本当に大切な物であると感じております」(30歳代,フルタイム,同居,子ども2人)。

(5) その他子育て全般に関する悩み，意見

そのほかの11名は，ひとり親とは関係なく，叱り方，反抗期の子どもの対応，保護者との対応の悩み，余裕のない子育，子育て情報，子育て支援に対する意見などについて述べている。以下，その一部を示す。

K：「叱ると怒るの一線がよくわからない」（30歳代，無職，別居，子ども2人）。

L：「叱るとつい感情的になってしまう」（30歳代，無職，同居，子ども3人）。

M：「反抗期の時の対応」（30歳代，パートタイム，別居，子ども1人）。

O：「私自身仕事をしているのですが疲れていたりすると一緒に遊んだり……なかなかまってあげられない。もっと子どもとの時間を大切にしなければ……と思っているのですが」（30歳代，パートタイム，別居，子ども1人）。

P：「同じ年の保護者との距離感が難しい」（30歳代，パートタイム，別居，子ども2人）。

Q：「いろんな情報があっても正しくないことも多いので人によっては混乱すると思う。特にマスコミの在り方はちょっと……疑問」（20歳代，パートタイム，別居，子ども2人）。

R：「上京区に託児サービスのある所がないので困っている。（現在中京区まで行っている）。近くて安い一時保育サービスや託児所を作ってほしい」（20歳代，パートタイム，同居，子ども1人）。

7. 調査からみえるひとり親家族の子育てと家庭教育

調査分析からわかったことは，対象となったひとり親家族の母親は，平均子ども数が2人親家族より低く，20歳代の母親が多い。保育所に預ける比率，フルタイム・パートタイム，同居の割合が，2人親家族よりも高かった。

家庭教育は，本の読み聞かせ，図書館へ行くこと，動物園や美術館などに行くことなど，日常的に必要不可欠ではなく，時間的余裕，子どもを連れて外出する際の人手などが必要な情操教育の頻度が低くなった。また，習い事の平均数，大学へ進学させたい割合が低くなるなど，経済的困難さがうかがえる結果

がみられた。

　同居率の高さを背景に,「親や知り合いに子どもを預かってもらう」頻度は高くなったが,「孤独な子育て」を感じ,子どもの保護者と話す頻度が低い傾向がみられた。絵本や本の読み聞かせは同居の頻度が高く,習い事の平均数はフルタイム,同居の母親に多くなるなど,先行研究も示すように（神原2010），ひとり親家族の階層化がうかがわれた。

　以上の結果から,ひとり親家族への支援について,階層に応じた経済的支援に加えて,母親の時間的余裕のなさを解消するような生活支援,休日の外出を促進するようなレクリエーションの支援,母親の孤独感を緩和し,同年代とのコミュニケーションを活発にさせるためのネットワークづくりの支援などの必要性が示唆される。

（『京都女子大学発達教育学部紀要』第7号 pp.1-8 所収）

コラム　男の子・女の子

2．プリンセスへのあこがれ

　幼いころ，シンデレラや白雪姫にあこがれた経験のある女性は多いと思います。白雪姫はグリム童話，シンデレラの原作はグリム兄弟のほかにいくつかの説があるようです。でも，まずイメージするシンデレラや白雪姫は，ディズニーのアニメ映画なのではないでしょうか。

　ディズニーアニメのストーリーでは，シンデレラは，継母とその連れ子の姉たちに日々いじめられていましたが，魔法使いたちのおかげで舞踏会へ行くことができ，王子様に見初められて幸せな結婚をします。白雪姫は，恐ろしい魔女の継母に命をねらわれ，森に逃がされたところを7人の小人に救われます。森の小人の家に尋ねてきた継母に毒りんごを食べさせられますが，王子様のくちづけで魔法が解け，二人はめでたく結婚します。この2つのおとぎ話はなんだか似ていませんか？　シンデレラは足がとても小さく，白雪姫は雪のように色が白い，そして二人ともとても従順で自己主張をまったくしない，誰かのおかげで幸せをつかみ，最後は王子様と結婚するのです。このようなおとぎ話だけでなく，現在放映されているテレビアニメのなかにも，ステレオタイプの男の子像，女の子像を見つけることは簡単です。子どもたちの周りには女の子はこうあるべき，男の子はこうあるべきというステレオタイプな男女像を描いたストーリーがそこかしこにあふれているのです。お菓子作りやお人形ごっこより，木登りをしたり，おたまじゃくしや昆虫をつかまえる方が好きな女の子はたくさんいます。でも，このようなストーリーに接するたびに，ふるまいを制限するような意識が知らず知らずのうちに身についていくのです。このように，社会・文化のなかで習得していく性差をジェンダーと呼んでいます。

　私は東京ディズニーランドの近くに住まいがあったので，子どもを連れてよく遊びに行きました。ショップには子ども向けのプリンセスドレスが売られていて，それを着た女の子たちを園内で見かけます。ところで，「ムーラン」というディズニーアニメをご存知ですか？　中国の伝説をモデルにしていて，ムーランという女の子が父の代わりに男装して軍隊に入隊し，フン族とたたかって勝利をおさめるというストーリーです。私は女の子が勇敢に活躍するこの映画が大好きですが，残念ながら，ムーランの衣裳を着た女の子は，ディズニーランドで見かけたことがありません。

第3章
子育て支援利用の実態と課題

　1989年に合計特殊出生率がひのえうま年（1966年）の1.58を下回ったいわゆる「1.57ショック」をきっかけに，子育て支援施策が始まって20年がたった。現在は1.4前後に下げ止まりの状態である。フランス，スウェーデンでは家族政策が成功し，出生率が高レベルに保たれているといわれる。我が国の子育て支援策にはどのような課題があるのか。前述の幼児をもつ家族を対象とした調査から考える。

1. 我が国の子育て支援

　1994年のエンゼルプランに始まった我が国の子育て支援政策は，20年弱の年月の間に，次世代育成支援対策推進法，少子化社会対策支援法が制定され，現在では，「子ども・子育て新システム」の検討が行われている。2010年にはわずかながら出生数が増加し，合計特殊出生率は1.39と下げ止まりの傾向にあるが，欧米の水準と比較して低く，世界でもっとも少子高齢化が進行している事実に変わりはない。育児不安・児童虐待などの問題も，むしろ深刻化の様相を呈している。ベネッセによる子育て生活基本調査の経時変化をみると，「子育ても大事だが，自分の生き方も大切にしたい」と回答する割合が，1997年から2008年の11年間で20％近く減少し，自分を犠牲にして子育てを優先しようとする傾向が高まっている。子育て支援は充実されてきているにもかかわらず，実態はかえって子育ての負担感が増す傾向にあるといってよい。

　これまでの子育て支援に関する研究は，地域の活動実践事例報告が多くを占めている。また，子育て支援利用者の実態調査では，利用する母親を対象とした育児不安・育児ストレスの調査研究が中心である。例えば，幼稚園において

行われている子育て支援の利用者に対する調査では,預かり保育の利用は,子どもの出生順位が後で,預けソーシャルサポートが多く,相談ソーシャルサポートが少なく,育児への負担感が高いことが寄与しており,育児相談の利用には,預けソーシャルサポートが多く,抑うつや育て方への不安感,育ちへの不安感が高く,育児への負担感が低いことが寄与することが報告されている(安藤ほか 2008)。また,子育て支援利用者と保育所利用者を比較した研究では,うつ傾向には両者の差はなかったが,育児困難感は,子育て支援利用者の方が高い結果となった(日下部 2012)。

本章では,第1章で述べた幼稚園・保育所をとおした保護者調査をもとに,子育て支援利用の詳細な実態,および家庭教育,子育て感との関連を明らかにし,今後の子育て支援の課題を探る。

2. 子育て支援利用の実態

子育て支援の利用状況について,図3-1に示した。「あなたは幼稚園・保育所以外に子育て支援サービスを利用したことがありますか」の問いに「まったく利用したことがない」「その他」を含めて9つの選択肢を設けた(複数回答)。全体の66.6%は子育て支援を利用したことがないと回答している。利用

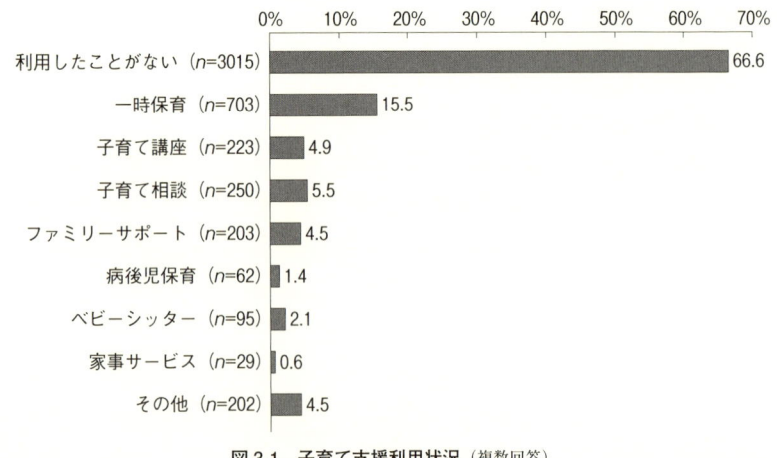

項目	割合(%)
利用したことがない (n=3015)	66.6
一時保育 (n=703)	15.5
子育て講座 (n=223)	4.9
子育て相談 (n=250)	5.5
ファミリーサポート (n=203)	4.5
病後児保育 (n=62)	1.4
ベビーシッター (n=95)	2.1
家事サービス (n=29)	0.6
その他 (n=202)	4.5

図 3-1 子育て支援利用状況 (複数回答)

したことがある支援内容は，一時保育が15.5%ともっとも高くなり，次いで子育て相談となっている。複数回答であるが，複数利用している保護者は少なかった。

子育て支援の利用と子ども数の関連を分析したところ，一時保育，子育て相談は，子ども数が少ない方が利用していることがわかった。

図3-2に示すように，保護者の職業はすべての子育て支援の内容に有意差がみられた。一時保育は，利用しないグループと比較すると，フルタイムが少なく，パートに多くなっている。子育て講座はフルタイム，パートタイムが少なく，無職が多く7割弱を占める。子育て相談はフルタイムが少なく，無職が多い。病後児保育は圧倒的にフルタイムが多くなり4割以上，次いでパートタイムであり，合わせて8割以上を占めた。ベビーシッターと家事サービスの特徴は，自営業が多いことである。自営業は時間的・季節的に職務内容が不規則なため，融通性がある民間サービスの使いやすさが利用の要因と考えられる。

保護者の年齢は，子育て講座，ベビーシッター，家事サービスに有意差がみられ，いずれも40歳代以上が多く利用していた。とくにベビーシッターと家

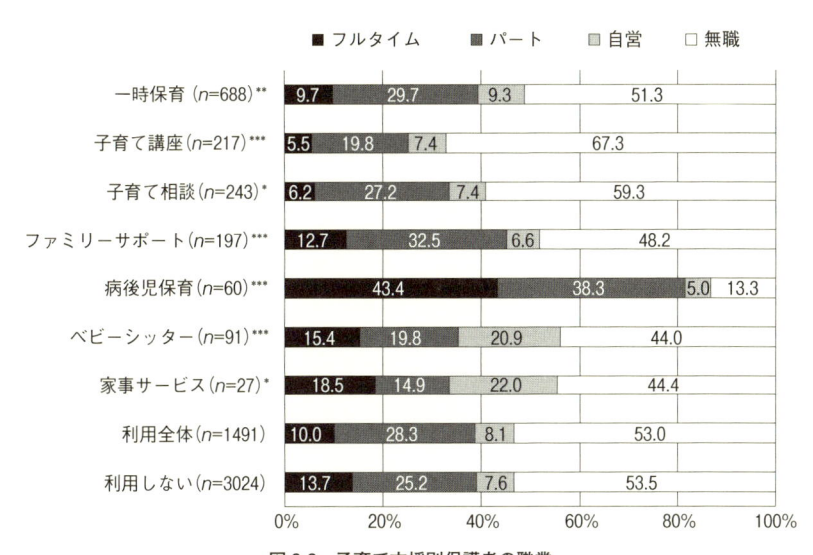

支援	フルタイム	パート	自営	無職
一時保育 (n=688)**	9.7	29.7	9.3	51.3
子育て講座 (n=217)***	5.5	19.8	7.4	67.3
子育て相談 (n=243)*	6.2	27.2	7.4	59.3
ファミリーサポート (n=197)***	12.7	32.5	6.6	48.2
病後児保育 (n=60)***	43.4	38.3	5.0	13.3
ベビーシッター (n=91)***	15.4	19.8	20.9	44.0
家事サービス (n=27)*	18.5	14.9	22.0	44.4
利用全体 (n=1491)	10.0	28.3	8.1	53.0
利用しない (n=3024)	13.7	25.2	7.6	53.5

図3-2 子育て支援別保護者の職業
（＊：有意差あり　*$p<0.05$　**$p<0.01$　***$p<0.001$）

事サービスは，20代以下の保護者は1人も利用したことがなかった。利用料が高額であり，若い保護者には利用が困難であるためと考えられる。

一時保育，子育て相談，ファミリーサポート，家事サービスを利用する保護者は，祖父母と同居する割合が低かった。とくに家事サービスの利用者はすべてが別居の家族であり，祖父母と同居していると，家事や育児への支援が得られることを示唆している。

習い事の数は，子どもへの教育期待が高くなると多くなり，また，ひとり親家族の習い事平均数が有意に低い結果となっており，所得水準と関連するとみることができる（表2011）。習い事の平均数は，家事サービスがもっとも高く，次いでベビーシッター，一時保育と子育て講座も利用していないグループよりも有意に高くなった。受益者負担，有料の子育て支援は，所得の高い層が利用する傾向にあることがうかがわれる。子育て講座に関しては，教育に熱心な保護者が利用するため，習い事の平均数が多くなったことが考えられる。

3. 子育て支援利用に影響する子育てネットワーク・子育て意識

表3-1は，子育てネットワーク，子育て意識が子育て支援に及ぼす影響について知るために，2項ロジスティック回帰分析を行った結果である。

子育てネットワークは，「子どもの様子や心配事を夫婦で話し合う」「夫が育児や家事をする」「子どもの心配事がある時に夫以外の人に相談する」「同じ年くらいの子どもの保護者と話す」「親や知り合いに子どもを預かってもらう」の5項目に「よくある」「時々ある」「あまりない」「ぜんぜんない」の4つの選択肢を設けて回答を求めた（第1章11ページ参照）。

夫婦で話し合う頻度が少ない者が，有意に子育て相談の利用が多くなった。夫が家事・育児を行うことは，子育て講座，病後児保育と関連がみられ，夫の家事・育児の頻度が高い方が，子育て講座，病後児保育を利用している。夫以外の人に相談する頻度が高い方が，子育て相談を利用したことがあった。親や知り合いに子どもを預かってもらうことは，一時保育，子育て相談と関連がみられ，いずれも頻度が低い者に利用が多くなっている。

育児意識は「子育ても大事だが，自分の生き方も大切にしたい」「子育て母親

表 3-1　子育て支援の利用と子育てネットワーク・子育て意識

	一時保育	子育て講座	子育て相談	ファミリーサポート	病後児保育	ベビーシッター	家事サービス
	EXP (B)	EXP (B)	EXP (B)	EXP (B)	EXP (B)	EXP (B)	EXP (B)
夫婦で話し合う	0.961	0.927	0.918*	0.952	0.92	1.196	0.984
夫が育児・家事	1.023	1.242**	0.974	1.131	1.328*	1.146	1.315
夫以外に相談	1.041	1.108	1.325**	0.924	0.944	0.958	0.964
子の保護者と話す	1.116	1.171	0.935	0.988	0.765	0.842	0.814
子どもを預ける	0.848***	0.907	0.722***	1.071	0.961	1.046	1.045
自分の生き方大切	1.380***	1.218*	0.967	1.249*	1.782**	1.404*	1.4
子育て父親と共同	0.87*	1.05	1.075	1.035	0.636*	0.954	1.38
3歳までは母親	0.971	1.115*	0.981	1.052	0.918	1.002	0.982
社会全体で子育て	1.192**	1.288**	1.137	1.004	1.729**	1.445**	0.984

*$p<0.05$　**$p<0.01$　***$p<0.001$

だけでなく父親との共同によるものだ」「子どもが3歳くらいまでは母親が育てた方がよい」「子育ては親だけではなく社会全体で行うものである」との考えに「非常にあてはまる」「かなりあてはまる」「少しあてはまる」「まったくあてはまらない」の4つの選択肢を設けて回答を求めた。

　自分の生き方も大切との項目は，子育て相談，家事サービスを除く5つの子育て支援利用と関連がみられ，いずれもこの考え方を肯定する者が多くなった。子育ては父親との共同との考え方については，一時保育と病後児保育に有意に否定する結果が認められている。3歳までは母親が育てた方がよいとの考え方に関しては，子育て講座の利用者に有意に肯定する者が多かった。また，社会全体での子育てに賛成する者が，一時保育，子育て講座，病後児保育，ベビーシッターの利用者に有意に多くみられた。

4. 子育て支援の利用は家庭教育や子育て感に影響するか

　表3-2に子育て支援の利用と家庭教育・子育て感との関連を2項ロジスティック回帰分析により分析した結果を示している。

表 3-2　子育て支援の利用と家庭教育・子育て感

	一時保育	子育て講座	子育て相談	ファミリーサポート	病後児保育	ベビーシッター	家事サービス
	EXP (B)	EXP (B)	EXP (B)	EXP (B)	EXP (B)	EXP (B)	EXP (B)
しつけ志向	0.999	1.045	1.051	1.142	0.996	0.995	1.625*
ルール志向	1.043	0.999	1.035	1.046	1.057	1.229*	1.034
知育志向	1.021	0.955	1.031	1.017	0.944	1.013	1.074
ふれあい志向	1.011	1.073	1.026	0.933	1.01	1.401**	0.973
情操教育志向	1.096***	1.233***	1.154***	1.136***	1.015	1.271***	1.396***
前向き育児	1.041	1.266**	1.068	0.908	1.491*	1.002	0.986
不満育児	1.064***	1.185***	1.102***	1.007	1.028	1.091*	1.188*
不安育児	1.029	1.119***	1.296***	1.037	1.182	1.073	1.13

*$p<0.05$　**$p<0.01$　***$p<0.001$

　情操教育志向は，病後児保育利用者以外のすべてに非利用者との有意差が認められた。いずれも情操教育志向が高い，すなわち，絵本や本の読み聞かせをしたり，図書館，動物園・植物園・水族館，および美術館・博物館に子どもと一緒に行く頻度が高いことが明らかになった。そのほかの家庭教育については，ベビーシッターを利用したことのあるグループは，決まったお手伝いを毎日させたり，遊びや勉強のルールを決める頻度，子どもと遊んだり，話をし，ほめる頻度が非利用者より有意に高くなった。また，家事サービスの利用者は，礼儀作法や言葉づかいのしつけに厳しい傾向がみられた。

　次に，子育て感については，子育て講座，病後児保育の利用者は，子育てによって自分が成長している，子どもと一緒にいると楽しい，と子育てを前向きに捉える傾向が強かった。一方で，子育て講座の利用者は，子育てに不満を訴えたり，自信喪失する傾向もみられる。非利用者と子育て支援利用者との間でもっとも有意差がみられたのは，「不満育児」であり，一時保育，子育て講座，子育て相談，ベビーシッター，家事サービス利用者において，非利用者より強く不満を感じる傾向があった。また，子育て講座，子育て相談を利用するグループは，どうしたらよいかわからない，失敗しているのではないか，と不安を訴える傾向があった。

全体的にみると，子育て支援利用者は，子どもと積極的に外に出かけて教育しようとする傾向が強く，それが子育て支援の利用にも結びついていると考えられる。一方で，子育てに関する不満が強く，とくに子育て講座，子育て相談の利用者は，不安も抱いていることがわかった。病後児保育は，ほかの支援内容とは傾向を異にしており，前向きな考え方をもって育児をしている傾向があった。病後児保育はフルタイム・パートタイマーで夫の家事・育児への参加があることが特徴であることから，育児への不安がないと考えられる。子育て講座利用者も夫の家事・育児への協力があるが，無職が多く，3歳までは母親が育てるべきと考えている。そのような意識と状況が不満，不安へとつながり，講座への参加を促していると考えられる。

5. 子育て支援に関する自由記述の概要

　質問紙の最後部に「子育てについて，お悩みやご意見などがありましたら，どんなことでも結構ですので，ご記入ください」として自由記述欄を設けたところ，684票に記入があり，有効であった659名を分析対象とした。「支援」「サポート」「サービス」をキーワードに検索を行い，41件に子育て支援に関する内容が含まれていた。以下に，本文の例を示しながら概要を報告する。

　もっとも件数が多かったのは，支援が充分ではないので，支援の充実を望むという内容の意見であり，12件であった。以下に例を示す。「子育てはとても大変だと思います。もっと子育て支援サービスの充実を強く希望します」「仕事と子育ての両立が難しい。家族の協力がないと仕事ができない。会社や園が少子化ではだめと言っているけれど，支援が十分ではない」「最近の経済状況では母親も働かざるをえなくなってきていますがやはり，母親が働くにあたっての社会的サポートが出来ていないと思います」。

　次に，今後の充実を望む支援の具体的内容示している意見としては，経済的支援がもっとも多く，8名が言及していた。「子育て費用がかかる。医療費，教育費にもっと助成があればよい。とくに京都市は支援が少ない」「少子化といっても実際に5人も子どもを持つと大変なだけで経済的にも他の事に対しても国などからサポートがあるわけでもなくただしんどいだけで少子化になって当

たり前だと思う」などである。そのほかには，保護者が病気のときに子どもを預かる支援（2件），療育支援（1件），休日保育（1件），職場での育児支援（1件），就労・再就職支援（2件）の要望があった。

また，現在の支援に具体的な不満を訴える意見もあった。ファミリーサポートの提供者が少なく利用が出来ない（2件），地域差がみられ利用がしにくい（3件），「子育てサービスは機嫌の良い親子を遊ばせてくれるだけで，本当に困っている親子を助けてくれることはないと実感させられている。本当の子育てとは何かを考え直すべきであると思う」や，「悩みを相談する行政機関に子育てを経験したことのない人たちがほとんどってどうか？と思います。マニュアル通りの返事にしか思えない。もっと自分の子どもと向き合ってきた，生の声が聞きたいです」のように，実際の利用から感じた厳しい意見もみられた。

さらに，利用をしたいが利用する方法がわからない，あるいは申し込みが出来ないという意見が5名から寄せられた。「子育て支援は利用してみたいのですが，仕事をしていると手続き等ができなくて利用できずにいます。休日に利用手続きできるようにしていただきたいです」「近くに頼れる身内がいない。子育て支援サービスをよく理解していないので敷居が高い」「1人目の子どもを出産するまでは子育てについてほとんど関心も知識もなく，出産後の不安と孤立感と苦労は想像を越えるものでした。子育て支援というものがあることさえ知らず一人でストレスをためる日々でした。育児についての情報をもっと知る機会があるとよかったなと思います」「子育て支援サービスの情報をより多く知りたいが，どのようにして調べたらよいのか。（パソコンを持っていないとインターネットで調べられない）分からない」といったものである。今回の調査で明らかになったのは，子どもを外に連れ出して教育する，家庭教育に積極的な保護者が子育て支援を利用する実態であった。自由記述にもあったように，「本当に困っている親子を助ける」ための情報を提供する手段の模索が，今後早急に行われるべきであろう。

6. 子育て支援の課題

各々の子育て支援の利用には，保護者の就業形態，同別居，育児ネットワー

クなどの状況が寄与していた。一時保育・ファミリーサポートはパートタイマー，子育て講座・子育て相談は無職，病後児保育はフルタイムの保護者の利用が多い。また，子どもを預ける親や知り合いが身近にいない保護者が，一時保育を利用しており，育児相談の利用者は，夫婦で話し合う機会が少なく，親や知り合いが身近にいない者が多かった。各々のニーズを反映していると考えられるが，自由記述からは，「平日に申し込みを行わなければならないので利用できない」との声もあり，より多くの人が利用しやすいシステムを構築することが重要である。民間サービスが主な「ベビーシッター」「家事サービス」は，利用が少なく，そのなかでも，勤務時間が不規則な自営業で，かつ，金銭的余裕のある層が利用していることが特徴であった。今後は，行政が民間に委託して利用料を安価に保つなど，両者が連携してサービスを提供することを検討する必要もあるだろう。

　また，家庭教育・子育て感との関連では，一時保育，子育て講座，子育て相談の利用者の方が，むしろ子育てに不満，もしくは不安を抱く傾向があった。子育て支援が保護者の悩みの解決につながっていないという見方もあるが，そのような問題意識をもつ者が利用に至ると考えられる。その実，子育て支援の利用は，子どもに絵本の読み聞かせをしたり，図書館，動物園，美術館などへ連れていく頻度との関連が強く，精神的に，時間的・金銭的にも余裕のある，教育熱心な保護者の姿が浮かび上がってきた。子育てにゆきづまり，真に支援が必要な保護者は，もとより自ら出かける機会はなく，効果的な情報の流布とともに，子育て家庭をきめ細かく訪問するなどの措置が必要なことが改めて示唆された。

（『京都女子大学発達教育学部紀要』第9号 pp.1-9 所収）

コラム　男の子・女の子

3. 男の子なのに泣いちゃだめ？

　あなたは,「男の子なのに泣いちゃだめ」と言ったことはありませんか？多くの人が無意識に言ってしまう言葉です。「女の子なのに泣いちゃだめ」とは誰も言いません。では,なぜ男の子は泣いてはいけないのでしょう。

　それは,男はこうあるべきだという期待が男の子に向けられているからです。男の子は物心がつく前の赤ちゃんのときから,「男の子なのに泣いちゃだめ」と声をかけられます。そして,「男は弱みを見せてはならない」「男は自分の感情を表に出してはならない」「男は我慢できなければならない」「男は強くなければならない」といった男らしさの縛りを受けながら育つのです。中学生を対象に行った調査によると,男子はスポーツが得意でけんかが強くたくましい,女子はおしゃれで優しいと考える割合が高いことが明らかになりました。では,本当に男の子はけんかが強くたくましいのでしょうか。わが家には男・女・男の順で3人の子どもがいます。小さい頃,上の男の子はとても優しくて,下の男の子は室内遊びが好きでおとなしく,むしろ女の子が活発で負けず嫌いでした。スポーツが苦手で引っ込みじあん,涙もろい男の子は,自分を男らしい男の子の枠組みのなかにはめ込むためにかなり無理をして,頑張らなければなりません。自信を失ってしまうことも多いでしょう。

　ところで,いじめが原因の子どもの自殺が後をたちません。自殺の男女比はもともと男性が多いのですが,10歳代の自殺も男の子の割合が多くなっています。一方,「いじめ相談」に電話をかけてくるのは圧倒的に女の子が多いそうです。先ほど述べた「男は我慢して感情を表に出してはいけない」というような男らしさの縛りが男の子たちを電話相談から遠ざけているという意見があります。もし本当にそうだとしたら,とても悲しいことです。

　男女共同参画,男女平等を語るとき,歴史的に抑圧されてきた女性の権利や,暴力の被害者としての女性に目が向きがちです。でも,男性もまた,男らしさの縛りのなかで無理をしているのです。誰にでも,感情を抑えなければならない場面はもちろんあるとは思いますが,男だって嬉しいとき,悲しいときには泣いたって恥ずかしくないし,弱音を吐きたいときもある。男らしくではなく,自分らしくふるまうことが大切なのです。

第Ⅱ部

小・中学生の生活と家族

第4章
放課後の子どもたち

　現代の子どもは塾や習い事により忙しい放課後の生活を送っている。そのために家族とのふれあいや遊びは影響を受けてはいないだろうか。小学校3・4・5・6年生約800名を対象に行った質問紙調査からは，「塾に行くときの気持ち」が子どもの健康に影響を及ぼすことがわかり，また，農村地域の意外な遊びの実態も浮き彫りになった。本章では，小学生の放課後の生活実態を明らかにし，塾通いや遊び・家族とのふれあいと子どもたちの心身の健康との関連を考察する。

1. 忙しい子どもの生活

　1998年告示の学習指導要領では，学習内容が削減され，「ゆとり」が主眼の1つとされた。こういった改革の背景には，いわゆる荒れやいじめなど，多忙な生活によるストレスが一因と考えられる数々の子どもの問題が存在した。その一方で，2002年度から完全実施の学校週5日制に関しては，土日に塾に通わせるなどの学校外学習熱が高まった。さらに，2008年の学習指導要領改訂では，「ゆとり教育」による学力低下に対する危惧から授業時間が増加され，子どもたちの生活をますますゆとりのないものにしてしまう懸念が払拭できない。
　文科省による「子どもの学校外での学習活動に関する実態調査報告」によると，小学生の8割が何らかの塾・習い事に通っており，学習塾に通う子どもは1年生16%から学年が上がるにつれて増加し，6年生では38%にのぼることがわかった（文部科学省2008）。一方，「子どもの体験活動等に関するアンケート調査」では，子どもの道徳観・倫理観の形成にはさまざまな体験が大きく寄与するにもかかわらず，自然体験，生活体験頻度が大きく減少していることが報

告された（文部省1999）。近年，自我や社会性の発達に大きな役割を果たす集団遊びが著しく減少し，身体を動かしたり，友人同士の直接的コミュニケーションが少ないテレビゲームが，大きな位置を占めるなど，子どもの遊びが変容している。さらに，塾・習い事が生活時間を圧迫し，家族でのふれあいが減少することも危惧される。国立女性教育会館が2006年に行った国際比較調査によると，家族で「夕食をとる」「余暇をすごす」頻度は，韓国とともに諸外国の中で最低レベルであった。また，とくに父親は，話題の種類が乏しいことが明らかになっている（国立女性教育会館2006）。

2. 小学生の放課後調査

本章のもとになる調査は，1998年6月5日より7月16日に，京都市内の私立小学校1校，および神戸市内の農業地域，商業地域，住宅地域に位置する公立小学校4校，計5校における3，4，5，6年生852名を対象として，集合法による自記式質問紙調査を実施した。有効回収率は92.6％であり，789名を分析対象とした（表4-1）。

調査内容は，塾・習い事に関する項目，遊びに関する項目，家族コミュニケーションに関する項目，健康状態に関する項目の4点である。遊びに関する項目は①1週間に遊ぶ頻度，②昨日の遊びの有無，③昨日遊んだ友達，④昨日の遊び場所，⑤昨日の遊びの種類について質問した。塾通いに関する項目は①塾・習い事の種類，②1週間に通う日数，③塾通いに関する気持ち，④通い始めるきっかけについて質問した。家族コミュニケーションに関する項目は①会

表4-1 調査対象者の人数

学年	3年生	4年生	5年生	6年生	計（人）
A小学校	39	39	38	35	151
B小学校	26	25	19	24	94
C小学校	31	31	31	25	118
D小学校	47	37	43	38	165
E小学校	64	60	57	80	261
計（人）	207	192	188	202	789

話頻度，②会話内容，③会話満足度，④休日の外出頻度，⑤休日の接触頻度について質問した。健康状態に関する項目は，毎日の生活の中で，①朝起きるのがつらい，②食べる気がしない，③やる気がない，④イライラする，⑤忙しいと思うことがあるかとの質問に，「とても思う」「少し思う」「思わない」の3つの選択肢を用意した。

まず，地域差も含めて，塾・習い事，遊び，家族コミュニケーションの実態を報告する。そして，塾・習い事の頻度が，遊び，家族コミュニケーションに影響を及ぼすのかを分析する。さらに，遊び，塾通い，家族コミュニケーションが子どもたちの健康状態に及ぼす影響について明らかにしたい。

3. 子どもは学習塾にいやいや通っている？

　377名，全体の46.5％の子どもが学習塾に通っていた。高学年になるほど通う率が高く，6年生では57.9％となる。先にあげた文部省の調査では，小学生全体24％，6年生42％であった。公立小学校は全体平均よりも低いが約40％であるので，文部省調査よりもかなり高い通塾率となっている。習い事で多いのは，球技，水泳，武道などのスポーツ，次いで，習字，ピアノなどの音楽の順であり，内容的には文部省調査と同様であったが，いずれも40％前後の高い割合を示している。塾・習い事に通う割合が高いのは，調査地が大都市近郊であることを反映しているものと思われる。何も通っていない子どもは68名で1割に満たなかった。

　1週間の塾通いの日数は，2日から4日が多く，全体の約6割を占める。3％と少ないが，7日毎日通う子どももいる。毎週土曜日に50.2％，日曜日にも36.7％の子どもが何らかの塾・習い事に通っていた。

　習い事や学習塾に通い始めるきっかけは，習い事は「楽しそうだから」が36.5％ともっとも多い一方で，学習塾は40％が「家の人に言われたから」と消極的な回答をしている。それを反映してか，習い事に行くときの気持ちは「わくわくする」，また「今後も続けたい」と思う子どもが多かった。これに対し学習塾は「ほとんどわくわくしない」という回答が多く，「やめたいと思うことがたまにある」と答えた者が40％を超えた。

1週間の習い事・塾通いの日数が5日以上を上位群，3，4日を中位群，2日以下を下位群とすると，習い事・塾通いの日数が高いほど，遊びの頻度が減少することが明らかになった。習い事・塾通いの日数と家族との会話の満足度は5％水準で関連がみられた。日数が多い上位群の子どもは満足していない割合が高い。その他会話頻度，休日の過ごし方に関しては，習い事塾通いの日数との関連はみられなかった。

4. ほとんど遊ばない子どもが4分の1，遊びの内容はテレビゲームが第1位

1週間の遊びの頻度は，「ほとんど毎日遊ぶ」子どもがもっとも多かったが26.5％にすぎず，「ほとんど遊ばない」子どもも24.2％を占めた。実に4分の1の子どもがほとんど遊ばないと答えたのは，忙しい現代の子どもの生活を反映した結果であろう。

「昨日遊びましたか」の質問には，それぞれの調査対象校での調査前日の天候が晴れか曇りだったにもかかわらず，43％が「遊んでいない」と回答した。遊んだ57％の子どもは，学校のクラスの友だちと遊ぶケースがもっとも多く，次いで異年齢の友だちであった。主な遊びの場所は，家の中が34％でもっとも高く，次いで公園や広場の31％だった。家のなかで遊んだ者の9割は主にテレビゲームで遊んでいた。遊びの内容でもっとも多かったのはテレビゲームで，114名であった。

家族との会話は62％が「よくする」と回答した。会話の内容は「友達のこと」に次いで，「学校の先生のこと」「勉強のこと」が多くなっている。約4割が会話時間に満足しており，満足していない子どもは少数であった。

休日に出かける頻度，休日に家族と過ごす頻度は，ともに「とても多い」「多い」を合わせて半数以上となり，少年野球やサッカーなどの習い事を含めて，休日に子どもが家族と過ごす頻度は比較的高かった。

5. 外で遊ばない農業地域の子ども

　神戸市公立小学校を対象とした調査結果のうち，農業地域に位置するB・E校，商業地域に位置するC校，住宅地域に位置するD校の地域差について分析した。習い事・塾通い頻度に有意差はなく，内容は，学習塾，音楽，英語は差がみられず，習字は農業地域に，スポーツは住宅地域に多くなっていた。また，何もしていない者は商業地域に多かった。

　もっとも顕著に地域差が認められたのは，遊びだった。遊びの頻度は住宅地域，商業地域，農業地域の順で高くなっており，農業地域には「ほとんど遊ばない」と答える者が多かった。調査前日の遊びの有無も農業地域がもっとも低く，とくにB校は5校中もっとも少なく，調査前日に遊んだ子どもは全体の43.6%であった。調査前日の遊びの場所は，住宅地域は公園が多いのに対して，農業地域は家の周りや家のなかが多くなっている。とくにB校には公園や広場との回答は2名であり，地域に公園がないことがうかがえる。家のなかで遊ぶ割合が大きいことを反映して，テレビゲームで遊んだ子どもが農業地域では有意に多くなっていた。農業地域の子どもたちは塾・習い事の頻度はほかの地域と大きく変わらない。住宅が密集していないために，放課後の限られた時間

$N=405$　*: $0.01<p<0.05$　**: $0.001<p<0.01$　***: $p<0.01$

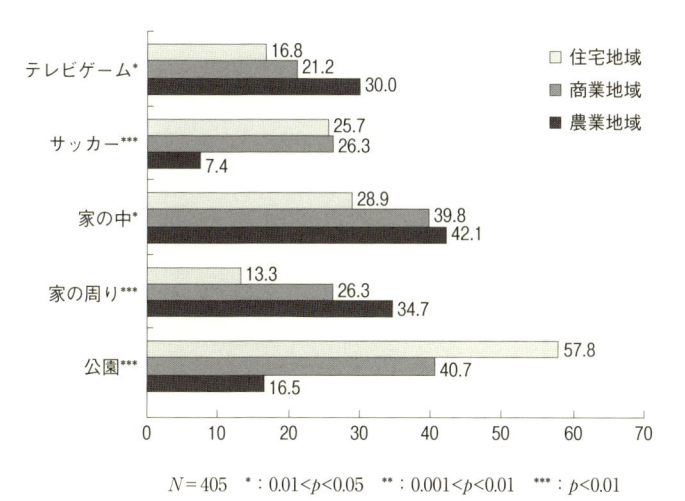

図4-1　昨日の遊びの内容・場所（地域別）

のなかで友人と集まるのが難しいことが，遊びが少ない一つの要因として考えられる（図4-1）。

同様の結果がほかの調査でも得られている。現代の子どもたちの遊びが画一化されたために，自然に囲まれた環境にいても外遊びをしない，遊びの伝承が行われていない，「遊びの場」を設けないと遊べない子どもたちの実態が明らかになった。

6.「塾をやめたいと思う」気持ちが心身の健康に悪影響を及ぼす

心身の健康を測るために設定した「朝起きるのがつらい」「食べる気がしない」「やる気がない」「イライラする」「忙しい」の5つの状況のうち，もっとも多かったのは「朝起きるのがつらい」で，7割以上の子どもが「とても思う」「少し思う」と回答した。次いで多かったのは「忙しい」であった。「いらいらする」も「とても思う」「少し思う」合わせると半数近くを占めている。

子どもの健康状態に関する質問項目を従属変数，遊び，塾，習い事，家族コミュニケーションに関する質問項目のうち，「遊ぶ頻度」「昨日遊んだか否か」「塾・習い事の日数」「塾をやめたいと思うことがあるか」「家族との会話頻度」

表4-2 塾・習い事，遊び，家族コミュニケーションと子どもの健康状態

	朝起きるのがつらい	やる気がない	イライラする
	β	β	β
遊ぶ頻度	-0.86$^+$	-0.157**	-0.31
昨日遊んだか	0.36	0.49	0.007
塾・習い事の日数	-0.35	0.88*	-0.41
塾をやめたいと思う	0.141***	0.218***	0.179***
家族との会話頻度	-0.42	-0.129**	-0.52
家族との会話満足度	-0.3	-0.012	-0.091*
休日に家族と過ごす	-0.43	-0.085	-0.088
Ad-R^2	0.041	0.111	0.072

$^+p<0.1$ $^*p<0.05$ $^{**}p<0.01$ $^{***}p<0.001$

「家族との会話満足度」「休日に家族と過ごす頻度」の7変数を独立変数とし，重回帰分析を行った。その結果を表4-2に示す。子どもの健康状態に関する5変数のうち，「朝起きるのがつらい」「やる気がない」「イライラする」に関して有効な回帰式が得られた（表4-2）。

「朝起きるのがつらい」は，「塾をやめたいと思う」と，「やる気がない」は，「塾をやめたいと思う」「遊ぶ頻度」「塾・習い事の日数」「家族との会話頻度」と，「イライラする」は，「塾をやめたいと思う」「家族との会話満足度」と関連がみられた。いずれも，塾をやめたいと思うほど，遊ぶ頻度が少ないほど，塾・習い事の日数が多いほど，家族との会話頻度，会話満足度が低いほど，有訴率が高まっている。とくに子どもの健康状態に関連があったのは，塾・習い事に通うときの気持ちであった。やめたいと思いながらも仕方なく通っている子どもたちは，精神的なストレスを受けていることが示唆される。

7. 現代の子どもたちに求められる「遊びの場」「遊びの伝承」

以上，小学生の放課後調査により，現代の子どもたちは，習い事・塾通いにより大変忙しい生活を送っていることがわかった。とくに「塾・習い事をやめたいと思う」子どもは，朝起きるのがつらく，やる気がない，イライラすると答える割合が高く，学習塾への強要が子どもの心身の健康にマイナスの影響を及ぼしていることが明らかとなった。一方，やめたいと思うことがあっても，充分に遊んでいる子どもは，ストレスの有訴率が低かった。

遊びは子どもたちの心身の健康に欠かせないものである。遊びに関する調査では，自然環境に恵まれた農業地域よりも，公園などの遊びの舞台が用意された住宅地域の方が多くみられた。子どもたちの遊びは画一化している。自然体験が苦手で，受動的な遊び方しかできない現代の子どもたちの姿がうかがえる。本章の初めに述べたように，自然と接したり，家事をしたり，家族や地域の人々と接するさまざまな体験が，子どもの人間形成に重要な働きをすることがわかっている。大人が現代の子どもたちの「遊びの場」を積極的に設定し，「遊びの伝承」を行うことが求められている。

（『京都女子大学自然科学論叢』36号 pp.55-61所収）

コラム　男の子・女の子

4. 私作る人・僕食べる人

　生まれたあとに，社会・文化のなかで習得していく性別をジェンダーとよんでいます。男は男らしく，女は女らしくといったジェンダー意識は，家庭，学校などのさまざまな場所，さまざまな場面で形成されていきます。ジェンダー意識に大きな影響を及ぼすメディアの一つがテレビです。

　テレビは私たちの生活に切り離せないものとなっています。NHK全国個人視聴率調査（2012年11月）によると，1日平均テレビ視聴時間は3時間47分でした。居間のテレビがいつもついている状態の家庭が多いとみてよいでしょう。子どもたちはアニメやドラマに描かれるステレオタイプな男性像，女性像を見ると同時に，番組の合間に流れるコマーシャルを目にします。

　1975年，「私作る人，僕食べる人」というキャッチコピーを使ったハウス食品のインスタントラーメンのコマーシャルが問題になりました。この年は国際婦人年であり，「国際婦人年をきっかけとして行動を起こす女たちの会」からの抗議を受け，放送が中止されました。35年を経た現在はどうでしょうか。台所で料理をつくる場面，洗濯ものを干す場面，掃除機で掃除をする場面，赤ちゃんのオムツをかえる場面，コマーシャルのなかで家事・育児をするのは圧倒的に女性です。草彅剛さんが妻の洗濯した下着やタオルを使う洗剤のコマーシャルを，憶えている人がいるのではないかと思います。35年間の進歩は，「私作る人，僕食べる人」と当然のように言うのではなく，「ありがとう，君とアリエール」と妻に感謝の気持ちをもつようになったところでしょうか。お父さんが料理好きで掃除にまめだったり，家庭科の授業で家庭での男女共同参画，男性も家事・育児をすることが重要だと学習しても，このようにテレビから女性ばかりが家事をする映像が流れてくるのを目にすれば，子どもたちが「家事・育児は女性がすべきこと」と思ってしまっても仕方がありません。

　世界経済フォーラムが発表した男女平等度ランキングでは，日本はなんと135カ国中101位でした。とくに「経済活動」「政治」での女性の活躍がみられないためです。幼児をもつ日本の父親の1日平均家事・育児時間は，格差の少ない北欧諸国の3分の1以下です。社会での女性の活躍を実現させるためには，男性の家事・育児分担が大きな鍵を握っているのです。

第5章
子どもとテレビ

　テレビは現代人にとって重要不可欠なメディアである。一方，子どもの生活にテレビは深く浸透しており，子どもにとっての弊害が論じられ，地域社会や学校からの規制が加えられつつある。小・中学生約500名を対象に行った調査では，テレビに熱中することが必ずしも子どもにマイナスの影響を及ぼさないことも示唆された。本章では，子どもの生活にとって切り離せないテレビの功罪について考察する。

1. 子どもの夜型生活とノーテレビデー

　我が国の生活において，テレビは不可欠のものとなっている。NHKが全国の16歳以上の国民に行った「日本人とテレビ2005」調査によると，テレビ視聴は1985年以降増加傾向にあり，1日4時間以上見る人が36％，4割以上が「なくてはならないもの」と回答した。とくに「ニュースや情報を知る」場合の「速報性」や「わかりやすさ」においては，ほかのメディアを引き離して高い評価を受けている（日本放送協会 2005）。
　一方で，就寝時間の遅れと子どものテレビ視聴が結び付けて論じられている。近年，基本的生活習慣の乱れ，とくに就寝時間・起床時間の遅れに伴う子どもの変化が問題となっている。深夜営業する店舗が増えるなど，都市部を中心に社会全体の活動時間が深夜にシフトしていることが一因と考えられるが，地方においても子どもの夜型生活が進行していることが指摘されている（神川ほか 2005）。ベネッセが2005年に行った「子どもの生活実態基本調査」によると，睡眠時間は年齢が上がるとともに短くなり，「6時間以内」の子どもの割合は，小学生3.2％，中学生18.4％，高校生では50.1％であった。中・高校生の7

〜8割が「だるい」「朝，なかなか起きられない」などの疲れを訴える理由の一つと推測されている。同調査においては，睡眠時間短縮の要因として，通塾による帰宅時間の遅れとともに，「テレビ・テレビゲーム」時間の長さが指摘されている（ベネッセ 2004）。

このようななか，国や教育委員会が家庭における子どもの生活を指導する動きが強まっている。代表例が，文部科学省の推進する「早寝早起き朝ごはん」運動である。学習意欲や体力，気力の低下のもととなる家庭における食事や睡眠などの乱れを社会全体の問題として，地域による取り組みを展開しようとするものである。テレビ視聴についても，地方自治体や学校単位で同様の取り組みが行われつつある。それが「ノーテレビデー」である。鳥取県三朝町は 2004 年から保育所と学校が連携して「ノーテレビデー」に取り組んできたが，2007 年 10 月 20 日，町議会は，町ぐるみでテレビを見る時間の削減を目指す「ノーテレビデーの町」宣言を可決した（2007 年 12 月 20 日　産経ニュース）。千葉県市原市立戸田小学校は 2005 年春から，テレビを見たりゲームをしたりしない日を週に 1 日設ける「ノーテレビ・ノーゲームデー」活動に取り組んでいる。また，愛知県教育員会は，「あいちの教育に関するアクションプラン」の取り組みの一つとして「ノーテレビデー・ノーゲームデー」の普及をあげている。（ノーテレビデー・ノーゲームデー愛知県公式 Web サイト）。「ノーテレビデー」の取り組みが全国に広がっている背景には，テレビが子どもたちの生活時間を圧迫するだけでなく，テレビ視聴による心身へのマイナス方向の影響が懸念されているからに他ならない。

このように，テレビは現代人にとって重要不可欠なメディアである一方，子どもにとっての弊害が論じられ，地域社会や学校からの規制が加えられつつある。テレビ視聴が子どもにどのような影響を及ぼすのかを詳細に解明することが急務である。

2. 子どものテレビ視聴に関する研究

ベネッセによる調査によると，小学生の 1 日平均テレビ・ビデオ視聴時間は 121 分，1 日 3 時間以上見ている者は 24％であった（ベネッセ 2004）。また，文

部科学省が 2005 年に行った調査においては,「家で食事中テレビを見ないようにしている」のは約 2 割,「全くしていない」は半数を超え,約 8 割がテレビを見ながら食事をしている実態が明らかになっている。テレビ視聴が多くの割合を占めるメディア総接触時間が長くなるほど,就寝時間が遅くなり,気持ちよく起きられる割合が減少している（文部科学省 2006）。さらに,2007 年の全国学力・学習状況調査によると,テレビ・ビデオを見る時間が短い児童の方が,学校外の学習時間が長い傾向があるという結果が報告されている。

　テレビ視聴の効果に関しては,さまざまな研究がなされている。アメリカの社会学者 G. ガーブナーは,テレビ視聴が視聴者の社会認識を「現実世界」よりも「虚構世界」に近くすることを明らかにした（橋元 1999）。テレビにおける暴力の過度の視聴が,視聴者にマイナスの影響を及ぼすとする説もある（海後 1999）。

　子どものテレビ視聴の否定的な面が報告される一方で（カーリン・ノイシュツ/寺田 2000 など），子どもにどのようにテレビを見せれば効果的な結果が得られるのか,テレビの積極的な面をいかに伸ばすのかを模索した研究もなされている（無藤 1987,子どものテレビの会 1981 など）。

　本章では,小・中学生を対象にした質問紙調査により,日常的な場面を設定して,テレビ視聴特性と発達との関連を検討するものであり,これまでの調査にはない新たな知見が得られることが期待できる。

　2008 年 6 月～7 月に近畿地区の小・中学校において,小学校 3・4・5・6 年生 419 名,中学校 1 年生 119 名,計 538 名（男子 249 名,女子 289 名）を対象に,集合法により自記式質問紙調査を行った。主な調査内容は (1) 基本的生活習慣,(2) テレビ視聴の実態,(3) テレビ視聴に対する保護者の態度,(4) 家族のコミュニケーション,(5) 子どもの発達である。

　独立変数にテレビ視聴特性,従属変数に子どもの発達を設定して,両者の関連について,一元配置分散分析を用いて分析した。また,テレビ視聴特性に影響を及ぼす要因について明らかにするため,学年,性別,自分の部屋のテレビの有無,家のテレビ台数,1 日のテレビ視聴時間を取り上げ,重回帰分析を行った。

3. 9割以上が「テレビが好き」，4割が自分の部屋にテレビをもつ

　テレビの保有については，42%の小・中学生が自分の部屋にテレビがあると答えている。テレビゲームの普及により，個室，子ども部屋へのテレビの設置が急速に進んだと考えられる。家のテレビ台数の平均は，2.7台，92%が「テレビが好き」と答えている。数字を書き込む形で1日のテレビ視聴時間の回答を求めたところ，平均3.1時間であり，前述のベネッセの調査と比べて長くなった。

　「どのような時にテレビを見るか」に5つの場面を設けて複数回答をもとめたところ，「家で暇な時」74%，および「ご飯を食べながら」の68%が高率であった。「テレビを誰と見るか」については，きょうだいがもっとも多く40%，次いで母34%であった。よく見る番組は「ドラマ」が68%ともっとも多く，次いで「お笑い」59%，「アニメ」，「歌番組」，「スポーツ」の順であった。

　テレビの見方については，テレビを見る態度，テレビ視聴に関する親の態度

項目	%
家の人とご飯を食べる時テレビがついている	57
週3日以上夜10時までテレビを見る	40
見たいと思わない番組でも見てしまう	23
テレビを見ることを我慢するのは耐えられない	21
他にすることがあってもまずテレビを見る	21
見る時間の長さを決めてから見る	20
テレビを見すぎてもうやめなさいと言われる	16
テレビを見すぎて朝おきられない	15
テレビを見てよい時間が決められている	13
テレビについての約束事がある	13
テレビの中の人と同じようなことが自分にもできる気がする	11
テレビの中の人や物が実際に自分の前に現れそうな気がする	9
家族や友だちとおしゃべりするよりテレビを見る方が好き	9
テレビを見ている時自分がその中の人物になっているような気がする	7
見てよい番組が決められている	7

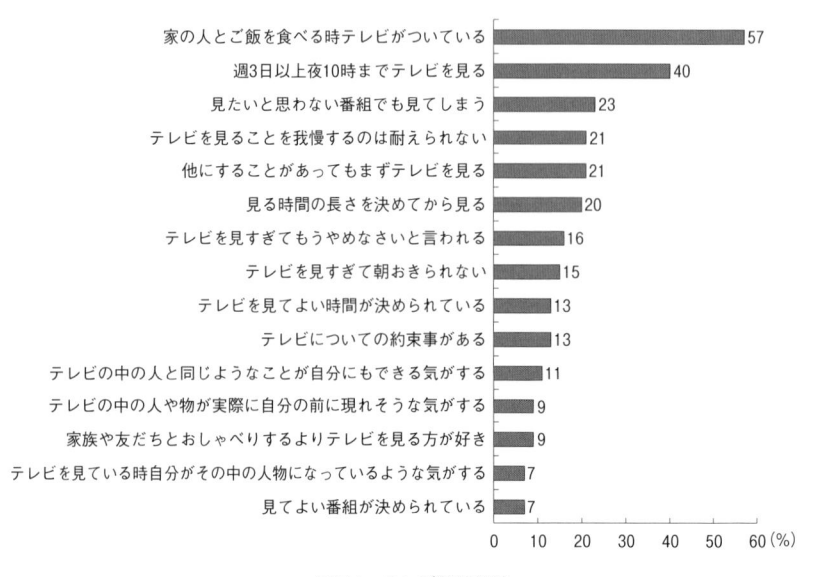

図5-1　テレビ視聴特性

やしつけ，テレビを見ているときの気持ちなど，テレビに関する具体的な場面を設定して「とてもあてはまる」「すこしあてはまる」「あてはまらない」の3つの選択肢を設けて回答をもとめた。図5-1には，「とてもあてはまる」と答えた割合を，割合が高かった順に示している。

「家の人とご飯を食べる時テレビがついている」が57％ともっとも多く，前述の先行研究の結果とも合致する。次いで「週3以上夜10時までテレビを見る」が40％，「見たいと思わない番組でも見てしまう」23％と，テレビが児童・生徒の生活深く浸透していることがうかがえる。一方で，「見てよい番組が決められている」「テレビについての約束事がある」という児童・生徒はともに13％と多くなく，「見てよい番組が決められている」のはわずか7％，テレビに関するしつけがあまりなされていないことが明らかとなった。割合が高くないが，「テレビの中の人と同じようなことが自分にもできそうな気がする」「テレビの中の人や者が実際に自分の前に現れそうな気がする」に「とてもあてはまる」と回答した児童生徒もともに10％前後おり，現実と仮想現実の世界との混同が懸念される。

4. 子どものテレビの見方（テレビ視聴特性）

次に，テレビ視聴特性の15変数について因子分析を行った結果を報告する。主因子法，Kaiserの正規化を伴うバリマックス回転法を用いて因子抽出を行った結果，3つの因子が抽出された。第1因子は「テレビを見る長さを決める」「テレビの約束事がある」「テレビを見る時間が決められている」「見てよい番組が決められている」の4変数であり，「ルール遵守」因子と命名した。第2因子は「週3日以上夜10時までテレビを見る」「テレビを見すぎて朝起きられない」「ご飯を食べる時テレビがついている」「見たくない番組でも見てしまう」「何かすることがあってもまずテレビを見る」「テレビを見るのを我慢するのは耐えられない」「家族や友だちとのおしゃべりよりテレビが好き」「テレビを見すぎてやめなさいと言われる」の8変数で，「テレビ依存傾向」因子と命名した。第3因子は，「テレビの中の人と同じようなことができると思う」「テレビを見ている時自分がその中の人物になって動いていると感じる」「テレビの

中の人や物が実際に自分の前に現れると思う」の3変数である。「テレビ熱中傾向」因子と命名した。

5. 子どもの発達

　子どもの発達については，子どもの道徳観，倫理観，人間関係などに関して，具体的な10場面を設定して，テレビの見方と同様に，「とてもあてはまる」「すこしあてはまる」「あてはまらない」の3つ選択肢を設けて回答をもとめた。「とてもあてはまる」と回答した割合を高い順に図5-2に示している。「ゴミを道に捨てることはよくないことだと思う」児童・生徒は77％と高く，次いで「当番を毎回さぼらずに行う」68％，「友だちがいっぱいいる」64％の順であった。逆に，「友だちには何でも話せる」「家に帰ってから友だちと遊ぶことが多い」と回答したのは全体の4分の1程度であり，「嫌いな人の意見でも素直にきける」はもっとも低率の16％であった。友だち関係が苦手な子ども像が浮かび上がる。

　これらの10変数についても因子分析を行った。因子抽出は主因子法，回転はKaiserの正規化を伴うバリマックス法を用いて因子抽出を行った結果，3つの因子が抽出された。第1因子は，「嫌いな人の意見でも素直にきける」「元気

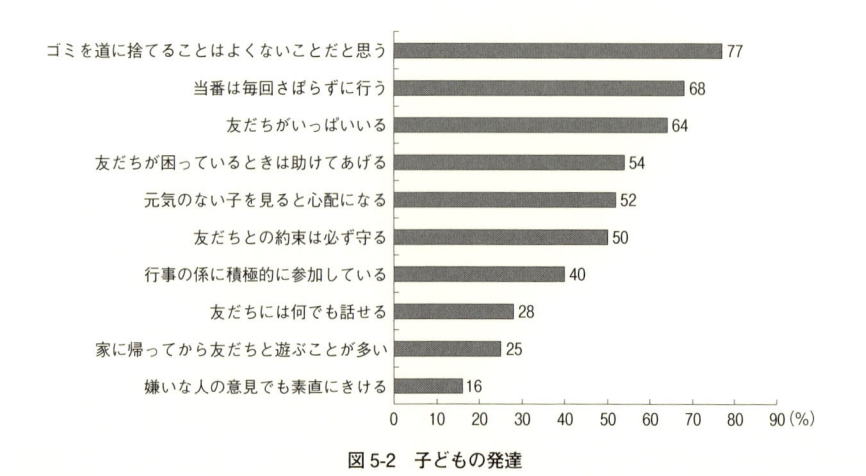

項目	％
ゴミを道に捨てることはよくないことだと思う	77
当番は毎回さぼらずに行う	68
友だちがいっぱいいる	64
友だちが困っているときは助けてあげる	54
元気のない子を見ると心配になる	52
友だちとの約束は必ず守る	50
行事の係に積極的に参加している	40
友だちには何でも話せる	28
家に帰ってから友だちと遊ぶことが多い	25
嫌いな人の意見でも素直にきける	16

図5-2　子どもの発達

のない友だちを見ると心配になる」「友だちが困っている時には助けてあげる」の3変数であり，「思いやり」因子と命名した。第2因子は「友だちがいっぱいいる」「家で友だちと遊ぶことが多い」「友だちには何でも話せる」「友だちとの約束は必ず守る」の4変数であり，「友だち関係」因子と命名した。第3因子は「行事の係に積極的に参加する」「当番は毎回サボらず行う」「ゴミを道に捨てることはよくないことだと思う」の3因子であり，「道徳心」因子と命名した。

6. テレビの見方と子どもの発達との関係

　それではテレビの見方は子どもの発達にどのように影響するのだろうか。

　前述のテレビの見方の3因子，「ルール遵守」「テレビ依存」「テレビ熱中」は充分なα係数が得られたため，構成される変数を合計して3つの変数とした。子どもの発達の3因子はいずれも充分なα係数が得られなかったため，10変数各々を用いて，上記テレビ視聴特性の3因子との関連を一元配置分散分析にて分析した。

　テレビに関してのルールを遵守する児童・生徒は，「思いやり」因子に関しては3変数中2変数，「元気のない子をみると心配になる」「友だちが困っていると助ける」という者が多い。「友だち関係」因子は，「友だちとの約束を守る」，「道徳心」因子は，「行事の係に積極的に参加する」の各々1変数のみに有意差が認められた。友だちと遊ぶことが多い，何でも話せるとは言えないが，友だちを助けたり心配し，約束を守り，係に積極的な優等生の子どもの姿が浮かび上がった。

　「ルール遵守」とは異なり，「テレビ熱中傾向」は「思いやり」因子とは有意差はみられなかった。友だち関係もテレビに依存する児童・生徒は，「家で友だちと遊ぶことが多い」「友だちに何でも話せる」と答える者が多く，友だち関係が良好である。しかし，「道徳心」因子に関しては，マイナスの傾向が現れた。テレビ依存傾向が強いグループは，係の仕事を積極的に取り組む，当番を必ず行うと回答する率が低くなった。友だちとの関係はよいが，行事の係には消極的，当番はさぼりがちな，いわゆる「やんちゃ」な児童・生徒像がみて取れる。

「テレビ熱中傾向」因子の3変数は，いずれも「虚構現実」の世界に入り込む場面を設定している。前述の先行研究にも，テレビ視聴者の社会認識が「虚構現実」化するというマイナス面の影響について報告する研究があるが，今回の調査ではマイナスの効果は現れなかった。元気のない友だちを心配し，「友だちと遊ぶことが多い」「友だちと何でもはなせる」割合が高く，友だち関係も良好である。テレビ依存の児童・生徒とは異なり，行事の係にも積極的だった。テレビプログラムは子どもにとって弊害があるものばかりではなく，「虚構世界」に入り込むこともストレス回避などのプラス面の効果があるのではないかと考えられる。

7. 子どもの「テレビ依存」に影響を及ぼす要因

重回帰分析により，テレビ視聴特性の要因を探った。その結果を表5-1に示している。今回，前述のように，子どもの発達に好ましい影響を及ぼすとはいえない「テレビ依存傾向」にのみ有効な回帰式が得られている。学年が上がるほど，家のテレビ台数が増えるほど，1日のテレビ視聴時間が増えるほど，テレビ依存が高くなった。もっとも影響が大きいのは，1日のテレビ視聴時間で

表5-1 テレビ視聴特性を規定する要因

変数	ルール遵守	テレビ依存	テレビ熱中
		β	
学年	-0.056	0.322***	-0.011
性別	-0.074	0.03	-0.121*
部屋にテレビ	-0.018	0.076	-0.005
テレビ台数	-0.015	0.143**	-0.051
視聴時間	0.037***	0.374***	0.131*
R^2	0.097	0.36	0.034
調整済み R^2	0.083	0.35	0.019
F 値	6.974	35.822	2.32
N	329	324	335

*$p<0.05$　**$p<0.01$　***$p<0.001$

ある。

　テレビ依存に陥らないためには，時間を決めてテレビを見るなど，家庭におけるルールをつくり，保護者が指導することが必要と考えられる。

8. 子どもにとってテレビは弊害か

　今回の調査では，小・中学生の4割が，自分の部屋にテレビをもち，9割以上がテレビ好き，1日3時間テレビを見ており，食事時にみることも多いことがわかった。テレビの見方と子どもの発達との関連については，家庭にテレビについてのルールのある児童・生徒は，思いやり，道徳心がある傾向にある，週3回以上夜10時までテレビを見たり，つい見てしまう，テレビを見ないことが耐えられないなど，テレビ依存の子どもは，友だちとよく遊び，友だち関係は良好であるが，道徳心に課題がある，テレビに熱中し，「虚構現実」に入り込むことについては，マイナス面は認められず，友だち関係が良好で，思いやり，道徳心にも長けていることが明らかとなった。また，学年が上がるほど，家のテレビ台数が多いほど，テレビ視聴時間が長くなるほど，テレビ依存傾向が高くなった。

　テレビへの依存は道徳心に課題がみられたが，テレビに熱中することも含めて，むしろ友だち関係にプラスの方向で影響を及ぼすことが明らかとなった。テレビ視聴は子どものコミュニケーションの有効なツールとして働くことが示唆される。「虚構世界」に入り込むこともマイナスの効果は認められなかった。先行研究では，マイナス面ばかりが強調され，教育委員会や地方自治体，各学校で広がりを見せる「ノーテレビデー」につながっているものと考えられる。確かに，子どもの生活時間を圧迫する恐れがあることは事実であり，そのことに対しては，何らかの対策が必要ではあるが，「テレビを見ない」という選択を押し付けることには，今後充分検討する余地があると考えられる。優れた情報ツールであるテレビを最大限に利用できる能力をはぐくむメディアリテラシー教育が，学校現場や社会教育現場に求められる。

（『京都女子大学発達教育学部紀要』第6号 pp.103-108 所収）

コラム　男の子・女の子

5. なりたい職業は何？

　働かない，学校に行かない，訓練もうけないニートとよばれる若者が社会問題になっています。また，定職につかないフリーターも増えているといわれています。ニートやフリーターの青年に共通して指摘される問題は，働く意欲がないばかりでなく，多様な仕事のイメージが乏しいということです。

　2012年の調査によると，男子小学生のなりたい職業は，野球選手・サッカー選手・医師・警察官，女子はパティシエ（ケーキ屋）・保育士・教師・医師でした（NPOファイナンシャルプランナーズ）。興味深いのは，ランキングの上位には，医師や教師など，共通のものもありますが，男子と女子とで職種が分かれていることです。子どもたちはすでに小学生のときから，男の子は男性の多い職種，女の子は女性の多い職種につきたいと考えています。とくに上位に上がったのは，少し前までは男性のみ，女性のみが行っていた職種です。世の中には多くの職種があるのに，男だから，女だからという理由でその職種を目指すことを断念するとすれば，選択肢が2分の1になるということです。

　現在，高校を卒業した男女の約半数が進学しますが，女子はその約4分の1が短大に進んでいます。先ほど述べたような女の子に人気のある職種は，短期大学での養成が多いことが理由の一つです。また，専攻によって大きな男女の偏りがあります。人文・家政系は女子が多く，理工系は男子が多くなっています。先進国の理工系入学者の男女比を国際的にみると，日本だけ女子の入学者が10％あまりで諸外国に比較して極端に低くなっています。

　ところで，雇用者の女性比率が4割以上になっているのに，管理職につく女性割合は依然低いままです。女性でも，リーダーシップを発揮して部下をひっぱっていく能力に長けた人がいますし，男性でも，きめ細やかに人のケアができる人がいるでしょう。男だから，女だからという理由でその能力を活用しないことは社会にとってもマイナスです。個人の適正や能力は，男と女というたった2つのものさしで判断することはできません。子どもたちはすでに小学生のときから，性別によって自分のなりたい職業の幅を半減させているのです。それは，周囲の大人たちが知らず知らずのうちに子どもたちにそう仕向けているからに他なりません。とても残念なことです。

第6章
モノの豊かさと子どもの金銭感覚

　現代の子どもたちの周辺には，高価なモノがあふれている。小学4, 5, 6年生220名を対象とした調査によると，子どもたちには多くのモノをもたせ，計画的な消費について指導を行うものの，強い規制はせずに比較的容易に子どもの望むモノを購入する親が多くみられた。本章では，モノの豊かさ，金銭に関する養育態度が，子どもたちの金銭感覚に及ぼす影響について考察する。

1. 現代の子どもと金銭教育

　戦後の高度経済成長を経てわれわれの身の回りにはモノがあふれるようになった。子どももその例外ではなく，少子社会となった最近はさらにその傾向が強い。子どもの望むモノの多くが比較的容易に入手できるようになったことで，親が子どもに買い与えるかどうかの判断基準があいまい化し，消費に関する家庭教育を困難にしているとの指摘もある（藤田1991）。児童・生徒による書籍，ゲームソフトの万引きや恐喝事件，多額のお金を得るための違法なアルバイトが社会問題となっている。情報化により，電子マネー・インターネット販売などが普及し，消費形態は複雑・多様になっている。健全な金銭感覚の育成を含めた消費者教育の社会的要請が高まっている。

　子どもの金銭感覚，あるいは消費者としての意識の形成に影響を及ぼす要因は，子どもの発達段階によって異なるが，家族，学校，マスメディア，居住地域環境，友人関係等があげられる。とりわけ，幼児期・児童期では，家族の影響が大きいとされる（田結庄ほか1992, 岡野1992, 稲増1995）。学校教育において消費者教育を効果的に進めるためにも，親の養育態度を把握することが必要である。学校と家庭が連携を取って早い発達段階から消費者教育を進める必

要があると考えられる。

　本章では，1997年6，9月に行った小学生を対象とした質問紙調査から，消費に関する親の養育態度，および小学生の金銭感覚・消費行動の現状，さらに両者の関連について明らかにする。

　調査対象は，京都市内の公立小学校，および私立小学校4，5，6年生，男子107名，女子113名の計220名である。各学年の人数の内訳は4年生77名，5年生71名，6年生72名であった。調査票作成には福武書店による質問紙を参考にした（福武書店教育研究所1985，福原1991）。消費をめぐる家庭環境として，物質的豊かさ，こづかいの額，消費に関する親の養育態度の3項目を設定した。また，子どもの金銭感覚としては，お金に対するイメージと消費行動の2項目について解答をもとめた。

2. モノに囲まれる子ども

　子どもをとりまく物質的環境を知るため，比較的高価なおもちゃを中心とした具体的なモノ18種をあげ，これらの所有の有無を尋ねた。もっとも多かったのは，自転車の98.6％，次いで腕時計90.8％，そして各種家庭用ゲーム機が続いた。家庭用ゲーム機は5千円前後のゲームソフトを必要とする。調査当時全盛で品薄だった「たまごっち」も半数以上が所有していた。1人あたりの所有数は最低1個，最多16個で，全体の平均所有数は8.2個であった。

　こづかいの1か月の平均額は，公立小学校2,464円，私立小学校6,178円，全体で4,349円となった。公立小学校の平均は，ベネッセが1990年に行った調査による4，5，6年生平均の1,080円と比較すると，倍以上である。これは7年間の貨幣価値の変化に加え，調査対象校が住宅地ではあるが京都市内の中心部近くに位置し，消費の場が校区に多く存在するためと考えられる。

3. 消費に関する親の養育態度

　消費に関する親の態度について，消費に関して親から言われることについて，子どもに尋ねた結果を図6-1に示している。多くの親が「つまらない物は

4. 子どもの金銭感覚・消費行動

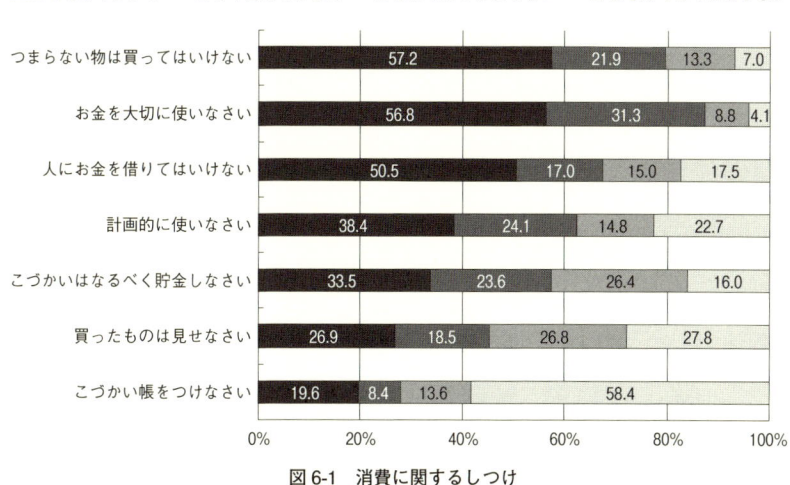

■とてもあてはまる　■わりとあてはまる　■あまりあてはまらない　□まったくあてはまらない

項目	とても	わりと	あまり	まったく
つまらない物は買ってはいけない	57.2	21.9	13.3	7.0
お金を大切に使いなさい	56.8	31.3	8.8	4.1
人にお金を借りてはいけない	50.5	17.0	15.0	17.5
計画的に使いなさい	38.4	24.1	14.8	22.7
こづかいはなるべく貯金しなさい	33.5	23.6	26.4	16.0
買ったものは見せなさい	26.9	18.5	26.8	27.8
こづかい帳をつけなさい	19.6	8.4	13.6	58.4

図6-1　消費に関するしつけ

買ってはいけない」「お金を大切に使いなさい」「人にお金を借りてはいけない」といった消費に関するしつけを行っている。しかし，与えたこづかいの使い方については無干渉なようである。こづかい帳をつけるよう指導する親は少ない。

さらに，こづかいを使いすぎたときの親の態度について，「絶対にくれない」「次回のこづかいを減らす」「理由があればくれる」「いつでもくれる」の選択肢で尋ねたところ，各々30.1％，15.3％，48.4％，6.3％となり，約半数が「理由があればくれる」と回答した。また，こづかいで買えない額の物を欲しがったときの対応について，「何も言わずにすぐ買ってくれる」「理由を聞いて必要なら買ってくれる」「誕生日やクリスマスまで待つように言う」「こづかいやお年玉で自分で買うように言う」の4つの選択肢を設けたところ，各々4.1％，41.1％，27.0％，27.8％であり，買ってくれる親が45％以上であった。

4. 子どもの金銭感覚・消費行動

まず，お金に対するイメージを調べるために「お金と聞いて思いつくことは」「たくさんのお金があったら」「お金で買えないものは」の文の後に空欄を設け文章を完成する形で3つの自由回答をもとめた。「お金と聞いて思いつくこと」

第6章 モノの豊かさと子どもの金銭感覚

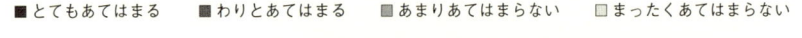

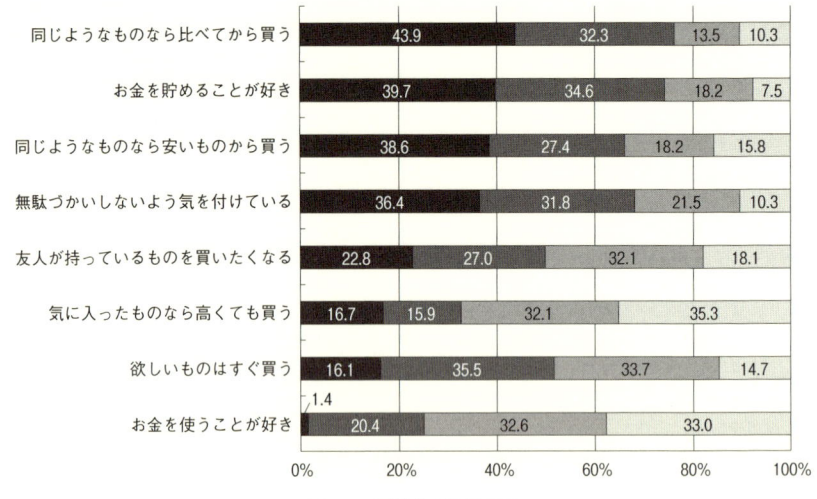

図6-2 子どもの消費行動

項目	とてもあてはまる	わりとあてはまる	あまりあてはまらない	まったくあてはまらない
同じようなものなら比べてから買う	43.9	32.3	13.5	10.3
お金を貯めることが好き	39.7	34.6	18.2	7.5
同じようなものなら安いものから買う	38.6	27.4	18.2	15.8
無駄づかいしないよう気を付けている	36.4	31.8	21.5	10.3
友人が持っているものを買いたくなる	22.8	27.0	32.1	18.1
気に入ったものなら高くても買う	16.7	15.9	32.1	35.3
欲しいものはすぐ買う	16.1	35.5	33.7	14.7
お金を使うことが好き	1.4	20.4	32.6	33.0

には「百円玉，千円札」「おこづかい，お年玉」「菓子，ゲーム」「欲しい」「貯金」「買い物」などの回答がみられた。4年生では「欲しい」といった抽象的な回答が目立つ一方，6年生になると「貯金」が他学年より多くなることが特徴的であった。「たくさんのお金があったら」には「貯金する」「幸せです」「金持ちです」「使う」「寄付する」などの答えがあった。4年生は「金持ち」といったやはり抽象的な回答が約30％ともっとも多く，6年生では具体的な「使う」とする回答が37.5％と多かった。お金に対するイメージを調べるために「お金で買えないものは」の文の後に空欄を設けて文章を完成させる形で自由回答を求めた。4年生は「いのち」が7割を超えるのに対し，5，6年生になると4年生ではほとんど見られなかった「家族」「友達」の割合が増える。

　図6-2に子どもの消費行動に関する調査結果を示している。プラス面の質問に「あてはまる」と答える子どもの割合はいずれも比較的高く，とくに「比べてから買う」「お金を貯めることが好き」と回答する者は7割を超えた。しかし，消費の欲望を抑えられない傾向をもつ子どもも決して少ないわけではなく，「欲しいものをすぐ買う」に「あてはまる」と答える子どもは半数を超えている。

その他，こづかいの使途を尋ねた質問では，マンガなどの雑誌が高率であがっていた。

5. ルールを決めずに与えることがマイナスの影響を及ぼす

こづかいの額と消費行動との関連はみられなかった。

モノの所有数によって上位群，中位群，下位群に3分類し，消費行動との関連を分析した結果，上位になるほど「欲しいものがあるとすぐ買ってしまう」「お金を使うことが好き」と回答する割合が高くなった。

消費に関する親の養育態度との関連をみると，こづかいを使い切ったとき「頼めばいつでもくれる」と答えたものは，「気に入ったものなら高くても買う」割合が他と比べて著しく高く，「同じようなものなら安いものを買う」割合が極めて低かった。さらに，こづかいで買えないものを欲しがったとき，「こづかい，お年玉を貯めて自分で買いなさい」と指導する親をもつ子どもとそうでない子どもに分けて消費行動との関連を調べた結果，貯めて買うことを指導されている子どもは，「安いものを買う」「貯めることが好き」と答える率が高くなった。

6. 早い時期からの金銭教育の必要性

現代の子どもたちの周辺には，かなり高価なものがあふれていることが，改めて浮き彫りにされ，それがマイナス面に働いていることが明らかになった。また，子どもは計画的な消費について言葉では常に指導されているので頭ではよく理解しているが，やはり欲しいので親に頼むとすぐに買ってもらえる，そのような家庭の様子がうかがわれた。こづかいの額が高いことは問題ではなく，高価なモノを我慢させないで買い与えたり，ルールを伴わない金銭の与え方が子どもに悪い影響をもたらすものと思われる。「お金に対するイメージ」の調査では，4，5，6年で大きく変化することが明らかとなった。この結果から，1年刻みの3学年であるが心身の発達に伴って金銭感覚も発達していくことが読み取られ，この時期が子どもの金銭感覚の形成にとって大切な時期であることがわかる。経済的・物質的に豊かになり過ぎた現代の生活のなかで，社

会で働いて収入を得たことのない子どもたちにお金の価値を教え，効果的に消費者教育を進めるためには，家庭科が始まる第5学年からではなく，早い時期から，家庭と学校が連携して取り組む必要があるだろう．

（家政教育社『家庭科教育』75巻5号 pp.24-29 所収）

コラム 子育て・家庭教育の視点

1. 子どもを産む前にしっかり考えよう

　「結婚期間が妊娠期間よりも短い第1子出生の割合」，何のことかおわかりですか？　そう，いわゆる「できちゃった婚」，最近では「授かり婚」ともいうようです。初めての子どもを出産したお母さんのうち，結婚より先に妊娠した人の割合です。年々増えていて，10歳代の8割，20歳代前半の6割にのぼります。芸能人の結婚報道でも，最近は必ず妊娠の有無が取りざたされます。

　さて，子どもを産み育てるためには何が必要でしょうか。妊娠をすると，1か月に一度，産み月が近づくとさらに頻繁に産科で妊婦健診をしなければなりません。自治体によって補助の内容が異なるため一概にはいえませんが，妊娠・出産は病気ではありませんので，健康保険除外の項目も多く，費用がかかります。いうまでもなく，子どもが産まれた後も，子育ては大きな経済負担となります。出産を機に仕事を辞めてしまうと，それまで働いていた収入がまったくなくなります。家族が増えるのですから，今までより広い部屋も必要でしょう。保育所に預けて働く場合，保育料がかかります。復帰後の職場や預け先とのアクセスも考えなければなりません。また，子どもができれば，身軽にあちこち出かけることはできず，行動が制限されることも覚悟しなければなりません。そしてもっとも大切なことは，社会の成員となる子の育成は，とても責任あることだという「親としての自覚」をもつことが不可欠ということです。

　私自身，仕事を続けることを望んでいましたので，結婚して2年後に初めての子どもを妊娠する前は夫と充分に話し合いました。もちろん，計画していても思い通りに妊娠できるわけではなく，やはり子どもは「授かる」ものだと思います。でも，ある程度の心づもりが必要です。

　老後の扶養や家業継続を子どもに期待する人も少なくなり，子どもを産み育てることは，個人が選択するライフスタイルの一つとなりました。子どもの誕生を心から喜ぶことが出来たのなら，むしろ「授かり婚」は少子化を解消してくれる一つの方策として注目されています。しかし，望まれずに生まれてきた子どもが悲しい出来事にあう事件も後を絶ちません。産むか産まないかも含めて，よく考えてから決断することが大切ではないでしょうか。

第7章
家事労働と子どもの人間形成

　子どもたちは忙しい生活を送っていることを第4章で述べた。また，生活体験よりも学習を重視する親の価値判断により，子どもの家事分担は軽視されがちである。小・中学生746人を対象に質問紙調査を行った結果から，子どもの家事労働頻度は全体的に低く，男子より女子の方が頻度が高いことが明らかになった。本章では，家事労働が子どもの人間形成にどのような影響を及ぼすのかを考える。

1. 家事労働と性別役割

　家事労働とは，家庭内での生活手段の消費や家族員に対するサービスのために，社会的分業に組み込まれないで個別的に行われている人間労働力の支出である（伊藤1990）。戦後の家庭生活の歴史のなかで，機械化・市場労働化し，労働量は大きく軽減したが，依然必要不可欠な無償労働として家庭に残っている。生活的自立には家事技術の習得が求められ，家事技術の習得は家庭科教育の目的の一つとなっている。

　1955年から1975年の「家族の戦後体制」期に夫は仕事，妻は家事・育児に専念し，子ども中心の強い情緒的な絆で結ばれたいわゆる近代家族が大衆化した（落合1997）。その後，女性の高学歴化，雇用労働化が進んでも，伝統的な性役割規範が女性に家事・育児と仕事の二重負担を強いている。総務省の社会生活基本調査によると，夫婦と子供の世帯のうち共働き世帯の夫婦の家事関連時間は，夫の家事時間が調査ごとに増加しているとはいえ，夫よりも妻の方がかなり長く，依然9割近くを妻が負担している（総務省2012）。また，世界経済フォーラム（World Economic Forum, WEF）が発表した「The Global Gender

Gap Report 2012」によると，日本の男女平等（ジェンダー・ギャップ）指数は135カ国中101位だった。女性の地位を向上させ，男女共同参画社会を実現するためには，家事分担をはじめとする家庭での男女の共同参画が不可欠であるにもかかわらず，遅々として進まないのが現状である。

一方，現代の子どもたちが，習い事・塾通いなどにより，忙しい放課後・休日を過ごしていることは，第4章で述べた。生活体験よりも学習を重視する親の価値判断により，子どもの家事分担は軽視されがちである。近年，学校での給食や清掃の当番活動が円滑に行えないとの声も高く（AERA 1998），家庭における体験の欠如が一因と考えられる。ソウル，ロンドン，ニューヨーク，東京の小学校5年生を対象とした家庭に関する調査によると，日本の子どもの家事分担率はほかの都市と比較して低く，男女差が大きい傾向にあった（ベネッセ教育研究所 1994）。

2. 家事労働と子ども

生活体験・自然体験・お手伝いが豊富な子どもほど，道徳観・正義感が充実するという調査結果が得られている（文部省 1999a）。この結果を受けて，文部省生涯教育審議会では，生涯学習審議会答申において，「生きる力」をはぐくむ方策として，「生活体験・自然体験の充実のための環境づくり」を提唱している（文部省 1999b）。そこで，「お手伝い・ボランティア奨励事業」として，教育担当部署が「お手伝い帳」を配布し，家庭での子どもの家事分担を積極的に推進する自治体も出てきている（茨城県教育委員会生涯学習課 2013）。

児童・生徒の家事労働の関する先行研究は，これまで，家庭科教育との関連から（宇佐美ほか 1993，松田ほか 1994），生活時間構造との関連から（堀内 1991），あるいは国際比較の視点から（Yanagi et al. 1993）行われている。さらに，辰巳らは，中学2年生を対象とした調査により，責任ある家事労働の有無，家事労働における役立ち感や自信が，中学生のSelf-esteemに大きく影響を与えていることを明らかにした（辰巳ほか 1999）。

家事は多種多様であり，要する技術・労働量・日常的必要度などがそれぞれ異なる。本章では，2003年7月に近畿圏の小学校2校・中学校3校において，

集合法により実施した自記式質問紙調査により，家事の分類を行い，それぞれの家事が子どものジェンダー形成・人間形成に及ぼす影響について明らかにしたい。調査対象者は，小学校6年生119人，中学校1年生287人，中学校2年生340人，計746 (男子374・女子372) 人である。調査内容は，1) 基本属性，2) 家族の状況，3) 子どもの家事頻度，4) 子どもの家事意識，5) 子どものジェンダー意識，6) 子どもの人間形成についての6要素である。家事項目は福武書店『小学生ナウ』(1984) の調査項目を援用した。因子分析により家事の分類を行った後，それぞれの家事頻度を独立変数に，子どものジェンダー意識，および人間形成を従属変数に分析を行った。

3. 子どもの家事にみるジェンダー

20項目のそれぞれの家事について，「毎日〜週3回する」を3,「週1回〜月2回する」を2,「あまりしたことがない」を1とした平均値を男女別に，女子の平均頻度が高い順にグラフに示した (図7-1)。t 検定の結果，「共通の部屋掃除」「ゴミ出し」「トイレ掃除」の3項目以外の17項目において，女子の頻度が男子の頻度を有意に上回った。また，ボタン付け・アイロンがけのように技術を要するものや，洗濯・トイレ掃除のように労力を要する家事の頻度は下位に位置している。男女とも平均2以上の家事は「食器を流しに運ぶ」「自分の部屋掃除」の2項目のみであり，子どもたちの家事の頻度が全体的に低いことがわかる。

4. 子どものジェンダー意識

子どものジェンダー意識は，「男の子」「女の子」それぞれ日常的な行動を7項目ずつあげ，そのような行動をしていたらどう思うか，「男 (女) らしくないと思う」「男女関係ないと思う」の2つの選択肢を用意して質問した。その結果を図7-2に示す。子どもの思う「女らしくない」行為は「行儀の悪いかっこうをする」「髪の毛や服装を気にしない」「けんかになると暴力をふるう」，一方「男らしくない」行為は，「人前で泣いてしまう」「けんかをうられても逃げ

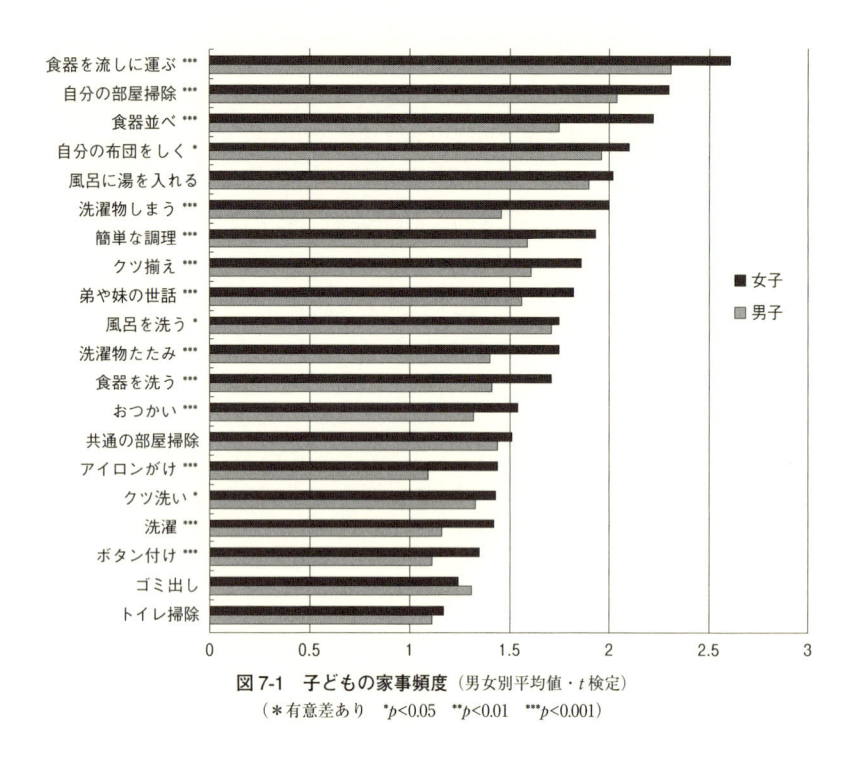

図 7-1　子どもの家事頻度（男女別平均値・t検定）
（＊有意差あり　＊$p<0.05$　＊＊$p<0.01$　＊＊＊$p<0.001$）

る」が上位であった。とくに「女らしくない」上位2項目は，半数以上が「女らしくないと思う」と回答していた。

　この質問のほかに，「男らしい」「女らしい」イメージを12の形容詞の中から3つずつ選択する質問も行った。「男らしい」イメージで上位にあがったのは，「勇気がある」「元気」「たくましい」で，それぞれ72.8，65.1，62.1％の子どもが選択した。また，「女らしい」は同様に「やさしい」「明るい」「かわいらしい」で，それぞれ78.4，57.1，51.8％の子どもが選択している。現代の子どもたちも典型的なジェンダーイメージを依然もつことが明らかになった。

5. 子どもの家事とジェンダー意識

　図 7-1 に示した 20 項目の家事の頻度について因子分析を行った結果，4つの因子が抽出された。第1因子は「簡単な調理」「共通の部屋掃除」「ゴミ出し」

5. 子どものジェンダー意識

図7-2 子どものジェンダー意識

女らしくない:
- 行儀の悪いかっこうをする
- 髪の毛や服装を気にしない
- けんかになると暴力をふるう
- 料理や裁縫が嫌い
- 口げんかで男子に勝つ
- 男子より力がありスポーツが得意
- 自分から代表になりたがる

男らしくない:
- 人前で泣いてしまう
- けんかをうられても逃げる
- つげ口をする
- スポーツがあまり得意でない
- 料理や裁縫が好きである
- 髪の毛や服装を気にする
- おしゃべりである

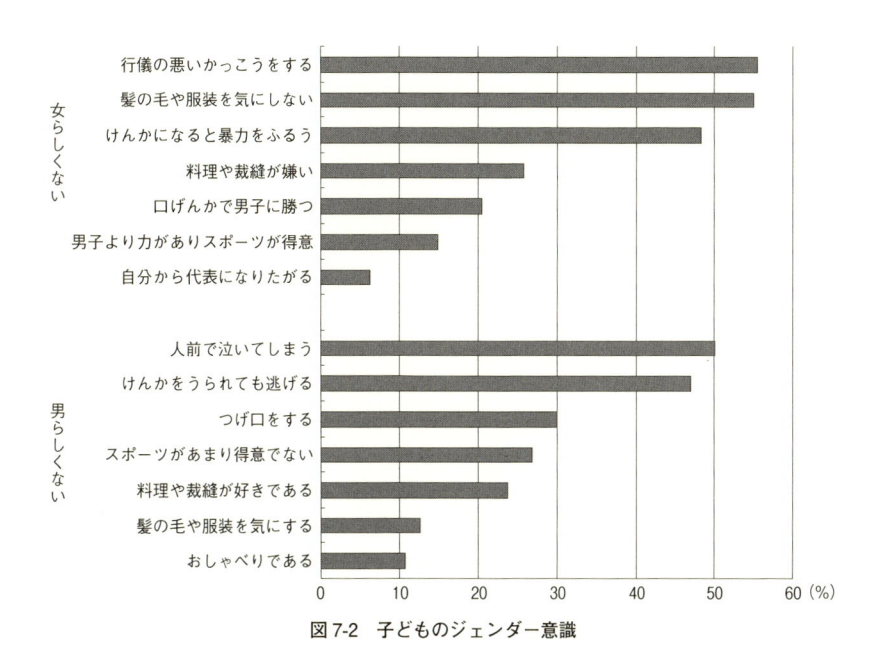

「洗濯」「洗濯物たたみ」「アイロンがけ」「ボタン付け」「おつかい」「トイレ掃除」の9変数からなり,「家族のための家事」と命名した。第2因子は「食器並べ」「食器を流しに運ぶ」「食器を洗う」「洗濯物をしまう」の4変数からなり,「補助的な家事」と命名した。第3因子は「クツをそろえる」「自分の布団をしく」「自分の部屋掃除」の3変数からなり,「自分のための家事」と命名した。第4因子は「風呂に湯をいれる」「風呂をあらう」の2変数からなり,「お風呂関連の家事」と命名した。「家族のための家事」は学年が進むに従って頻度が減少する傾向にあった。お風呂関連の家事は,拡大家族よりも核家族の子どもの方が頻繁に行っていた。さらに,家族の家事分担は子どもの家事にも影響を及ぼし,家事分担が行われている家族の子どもは,家事の頻度が顕著に高くなった。

「家族のための家事」の頻度の高いグループは,「男（女）らしくないと思う」の項目を家事頻度の低いグループより選択した数が少なかった。比較的手間のかかる家事を行うことはジェンダー意識の形成を抑える役割をすることが示唆

された。

6. 家事は子どもの人間形成にプラスの影響を及ぼす

　子どもの人間形成に関しては,「自立度」「道徳心」「正義感」「責任感」「我慢強さ」の5種類の尺度で測定した。「自立度」は,「前の日に時間割を合わせる」「ハンカチ・ティッシュをもっていく」「持ち物に名前を書く」「寝る前の歯磨き」「朝一人で起きる」「整理整頓ができる」「自分で物事を計画し実行できる」の7変数,「道徳心」は,「お金やものの大切さがわかる」「礼儀正しくあいさつができる」「すすんで仕事や奉仕活動ができる」「困っている人を見かけたら手伝う」の4変数,「正義感」は「決まりを守り人に迷惑をかけない」「正しいことを勇気をもって行える」の2変数,「責任感」は,「約束したことや自分の言動に責任をもつ」「皆と協力し,助け合って物事ができる」の2変数,そして「我慢強さ」は,「粘り強く物事をやり通す」「何かほしいものがあっても我慢できる」の2変数の質問を設け,「きちんとできる」「だいたいできる」の2つの選択肢を用意した。「自立度」に関しては,4項目すべての質問に過半数の子どもが「きちんとできる」と答えていたが,「正しいことは勇気を持って行える」「すすんで仕事や奉仕活動ができる」と答える子どもは3割程度にとどまった。

　4つの家事頻度得点,および性別・家族構成・家族の家事分担を独立変数に,それぞれの人間形成の5変数を従属変数に重回帰分析を行った。人間形成の5変数いずれも有効な回帰式が得られた。結果を表7-1に示す。

　すべての人間形成に影響を及ぼしていたのは学年であった。6年生・中学1年生・2年生が対象であったが,いずれも学年の低い方が「きちんとできる」と答えていた。中学生は照れがありネガティブな回答をしたと考えられる。「正義感」・「我慢強さ」は男子の方が勝る結果となった。家事に関しては,「自立度」には「自分のための家事」が大きく影響したのはうなずける結果である。さらに,「道徳心」,「責任感」,「正義感」には,「家族のための家事」が大きくプラスの影響を及ぼしていることが明らかになった。「家族のための家事」に分類された家事は「簡単な調理」「共通の部屋掃除」「ゴミ出し」「洗濯」「洗濯物

表7-1 家事労働・家族の状況が子どもの人間形成に及ぼす影響

	人間形成				
	自立度	道徳心	責任感	正義感	我慢強さ
			β		
家族のための家事	0.164**	0.165**	0.131*	0.16**	0.072
補助的な家事	-0.065	0.064	0.008	0.082	0.047
自分のための家事	0.251***	0.127**	0.019	0.061	0.118*
風呂関連の家事	-0.027	0.074	0.1*	0.01	0.052
学年	0.216***	0.123**	0.105**	0.153***	0.088*
性別	-0.077	0.077	0.014	0.156***	0.112**
家族構成	-0.014	-0.075*	0.002	-0.037	-0.049
家族の家事分担	-0.044	-0.05	0.006	-0.088*	0.026
As-R^2	0.153	0.119	0.048	0.08	0.057

*$p<0.05$　**$p<0.01$　***$p<0.001$

たたみ」「アイロンがけ」「ボタン付け」「おつかい」「トイレ掃除」の9項目である。自分のためだけでなく，家族のために何か行うことが子どもの道徳心，責任感，正義感につながることが示唆された。

　子ども，とくに男子の家事分担率は低く，子どもたちは依然固定的なジェンダー意識をもっていた。しかし，家族のための家事はジェンダー形成を抑制し，家事分担は子どもの人間形成に少なからずよい影響を及ぼす可能性があることが明らかとなった。自分のためだけでなく，自分以外の人のために働く家事分担は，奉仕活動の原点である。子どもの健全育成のために，あるいは男女共同参画社会の実現のためにも必要不可欠である。

(『京都女子大学発達教育学部紀要』第1号 pp.73-79所収)

コラム 子育て・家庭教育の視点

2.「センチ」が産まれた!?

　一番初めの子どもを妊娠したとき，私と夫はお腹の子どもに「センチ」という名前をつけてよんでいました。「センチの検診に行く」「今センチがお腹を蹴った」といった具合，夫も私のお腹に「センチ」と話しかけました。なぜ「センチ」なのかというと，初めて検診に行ったとき，産婦人科のお医者さんから「妊娠しています。今１センチです」といわれたからです。そのときのうれしい感動は26年たった今も忘れることができません。そして１センチだったセンチは，私のお腹の中でどんどん大きくなり，50センチになり誕生しました。センチ以外の名でよぶことは考えられないほど，センチは私たちにとって慣れ親しんだ愛着のある名前でした。

　１センチの胎児は小さいながら，ほぼすべての体の機能が形成されています。喫煙や大量の飲酒は胎児に望ましくない影響を及ぼす恐れがあります。また，妊娠中は風疹やトキソプラズマなどの感染も心配しなければなりません。妊娠がわかってからでは手遅れになるかもしれません。前回のコラム（p.63）で，「妊娠には準備が不可欠」と述べたのは，そのようなことも理由としてあげられます。お母さんと胎児はまさに一心同体，気持ちも伝わるといわれています。子どもが産まれてくることを楽しみに，幸せな気持ちで過ごすことが大事です。胎児はお母さんのお腹から外の音を聴いています。お母さんの語りかけはもちろんのこと，お父さんの声も聞こえていますので，しっかり声かけしながら，赤ちゃんへの両親の愛情をはぐくんでください。最近，妊婦が太るのを恐れるあまり栄養を充分摂らないために，低体重で生まれてくる赤ちゃんが増えているそうです。低体重児はリスクが大きくなるので気をつけたいものです。

　私は３回出産しました。いずれも働きながら，勉強しながら産み月を迎えました。無理は禁物ですが，普段通りの生活をしていた方が精神的にも楽ですし，お腹の赤ちゃんにもよいのです。さて，センチくんの出産は思いのほか大変でした。出産後,「千知」などの漢字をあて，「胎児ネーム」をそのまま使うことを本気で考えましたが，結局普通の名前をつけました。"新しい"名前にもすぐに慣れて，「センチ」にしなくてよかったと思います。

第8章
家族一緒の食事と子どもの健康

　家族の共同行動でもっとも多いのは「食事をする」ことであるが，父親・母親の仕事，子どもの塾通いなど，忙しい生活のなかで，一緒に食べることは減少傾向にある。小・中学生300名を対象とした調査によると，家族の食事がプラスの方向で児童・生徒に影響を及ぼしていることがわかった。本章では家族の食事と子どもの自尊感情，心身の健康との関連を考察する。

1. 食卓での家族団らんは必要か

　父親の長時間労働，母親の雇用労働化，子どもの塾通いなどにより，家族の接触時間が減少している。親子のコミュニケーションの不足は，いじめや不登校，暴力行為，引きこもりなど，現代の子どもをめぐる諸問題とも無関係ではないだろう。そのなかで，日本の親が子どもと一緒に過ごすときにしていることでもっとも多いのは「食事」であった（国立女性教育会館 2006）。また，多くの人が夕食に「家族との団らん」を望んでいることが厚生省の国民栄養調査により明らかになっている（厚生省 1999）。家族の食事は，現在，親子のふれあいや，コミュニケーションの手段として，重要視されている。
　国は，多様な形で家族一緒の食事の奨励を行っている。1998年の中央教育審議会答申「新しい時代を拓く心を育てるために―次世代を育てる心を失う危機―」は，家族一緒の食事と子どもの心身の発達との関連を指摘し，「家族が一緒に食事をとることの重要性を十分理解することが大切である」と述べている（中教審 1998）。また，2004年の答申「食に関する指導体制の整備について」においても，先の答申内容を引用し，「食生活は心の成長にも大きな影響を及ぼすものであり，家族が一緒に食事をとる機会を確保すべきこと」を提言した（中

教審 2004)。さらに，2006 年の『食育推進基本計画』では，「孤食」への警鐘が行われ，「食を通じたコミュニケーションは，食の楽しさを実感させ，人々に精神的な豊かさをもたらすと考えられることから食卓を囲む機会を持つように心掛けることも大切である」と述べられた。『心のノート』（文科省 2002），『家庭教育手帳』（文科省 2004）には家族の食卓の挿絵や写真が掲載され，「家族一緒の食事」が推奨されている。家庭科教科書においても，1982 年に NHK で「子どもたちの食卓～なぜひとりで食べるの～」が放映されて「孤食・個食」が話題となって以来，「孤食」への危惧，家族一緒の食事と団らんの重要性が強調されはじめ，現在に至っている（表 2006）。

「家族で共にする食卓は，共に生きるということを感じさせる」といわれ（河合 2003），「食卓での家族団らん」像は，親密で幸せな家族の表象として描かれてきた。坂本佳鶴恵は，映画に登場する家族の分析をとおして，「一つの食卓を囲んで会話が弾むというイメージは，家族の全体としてのまとまり，日常的な愛情，仲のよさを象徴する」と述べる（坂本 2002）。このように，国からは家族再生の手段として期待され，かつ，人々が望む幸せな家族の象徴である家族の食事と団らんだが，一方では，「かつて団らんがあったかのごとく思いこもうとする社会心理，あるいは，これからも団らんし続けなければならぬと思いこむ強迫神経症的な社会心理」が「団らん信仰」とよばれ（井上 1999），また，現代の「仮面家族」は，一家団らんなどの幸せを守ろうとすればするほど関係が歪む（斎藤・久田 2000）と，言説と現実との乖離を批判する声もある。

家族生活の個別化が進み，多様なライフスタイルが容認される今日，家族の食事と団らんを勧めるべきか否か，勧めるのであればどのような形をとるのかを考えなおす時期にきている。食事の共有，食卓での家族団らんは実際に家族関係や子どもの心身の発達にどのような効果を及ぼすであろうか。

2. 家族の食事が子どもに及ぼす影響

これまで，小・中学生を対象とした調査により，家族の食事の共有や食事中の家族との会話と，子どもの健康，あるいは家族凝集性との関連を明らかにするいくつかの先行研究がある。家族の食事の共有に関しては，幼児をもつ家族

は，家族の凝集性との関連が認められない（表 1992）．普段集まる機会の少ない大学生の子どもをもつ家族においては，家族そろった夕食の頻度の高い者は，食事の共有以外の家族の共同行動の頻度も高くなり，家族の凝集性に好影響を及ぼす（表 1997）．さらに，家族そろって夕食を食べること，および食事中の会話が家族の凝集性にプラスの影響を及ぼす（黒川・小西 1997）という研究結果が出されている．一方，食事に参加している人数や家族そろった食事の頻度よりも，コミュニケーションのあり方が重要であることが明らかにされた（平井・岡本 2001）．

　2000 年以降は，家族関係よりも，親子関係や子どもの発達に焦点をあて，また，食卓に家族が集まることだけでなく，コミュニケーションのあり方に焦点をあてた研究が行われている．例えば，夕食共有頻度を高めるだけでなくコミュニケーションを図ることが父子関係に必要（小西・黒川 2000），食卓が「安らぎの場である」場合に限って家族の食事の共有が中学生の「登校忌避感」「自殺念慮」を低下させる要因となる（川崎 2001），頻度よりも，会話の場としての食事場面が重要（平井・岡本 2005）と，単に一緒に食べることだけではプラスの効果が得られないことが明らかにされている．

　以上，日本における家族の食事と団らんに関する研究例は数が少ないが，アメリカでは，家族の食事について，大規模な統計調査，および文化人類学，発達心理学，家政学などの各分野において，多くの実証研究がなされている．家族の食事（頻度，優先度，雰囲気など）と子どもの言語発達（例えば C. E. Snow & D. E. Beals 2006），社会化（例えば Cooper 1986 など）などとの関連についての研究のほかに，健康への効果，とくに摂食障害（例えば D. Neumark-Stztainer et al. 2004 など），肥満（例えば I. L. Nicole et al. 2004 など），タバコ・アルコール・薬物使用の抑制についての研究（例えば M. E. Eisenberg et al. 2008 など）が非常に多い．

3．小・中学生の食生活調査

　本章では，2007 年 6 月から 7 月に京都府内の小・中学校において行った質問紙調査の分析結果をもとに，家族の食事の共有，食事の雰囲気，食事に関する

家事参加が，子どもの自尊感情，登校忌避感，心身の健康に及ぼす影響を明らかにしたい。

小学3・4・5・6年生計153名，中学1・2年生計147名，全体で300名を調査対象とした。調査内容は，家族の食事の共有，食事に関する家事参加，食事中のしつけなどの食生活，家庭の雰囲気，自尊感情，心身の健康などである。

分析の枠組みを図8-1に示した。

まず，独立変数である食事の共有，雰囲気，食事に関する家事参加（因子分析により食労働とお手伝いの2因子に分類）と，家庭の雰囲気，食生活の合理化，食事中のしつけとの相関分析を行った。また，食事の共有，雰囲気，食事に関する家事参加の規定要因として，学年，性別，家族員数，起床時間，就寝時間，塾通い頻度，テレビ視聴・テレビゲーム使用頻度，朝食の共有，夕食の共有を設定し，重回帰分析を行った。

従属変数としては，自尊感情・将来の自分に関する各々5項目を合計した変数，登校忌避感，心の健康・体の健康に関する質問項目を合計した変数を用いた。自尊感情5変数，将来の自分5変数，心の健康3変数，体の健康3変数の

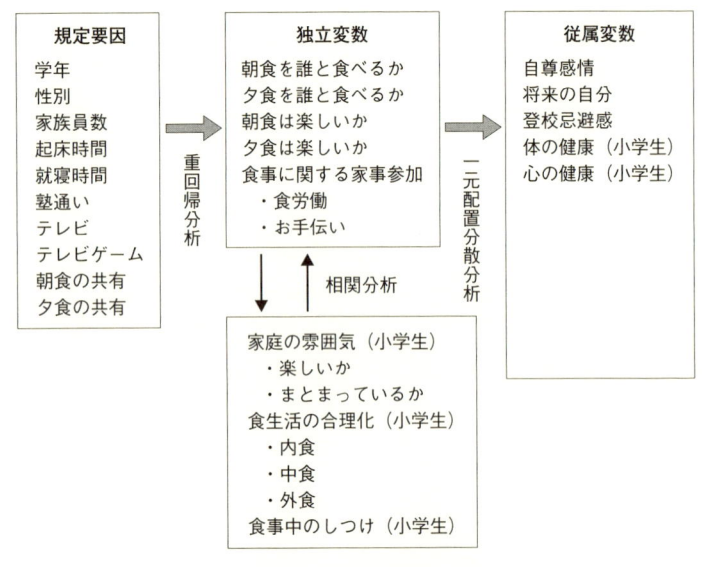

図8-1 分析の枠組み

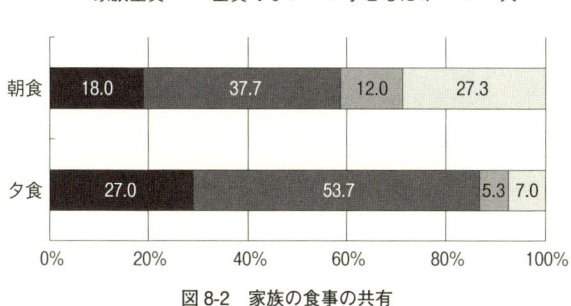

■家族全員　■全員でない　■子どもだけ　□一人

朝食　18.0　37.7　12.0　27.3
夕食　27.0　53.7　5.3　7.0

図 8-2　家族の食事の共有

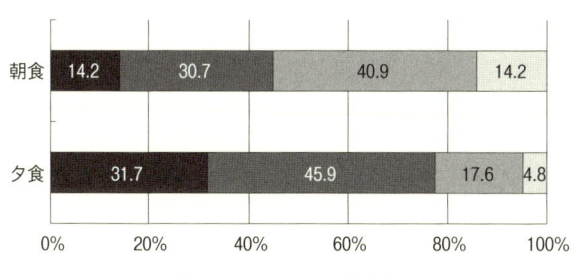

■とても楽しい　■楽しい　■あまり楽しくない　□楽しくない

朝食　14.2　30.7　40.9　14.2
夕食　31.7　45.9　17.6　4.8

図 8-3　家族の食事の雰囲気

α 係数は各々，0.652，0.81，0.745，0.507 であった。なお，心身の健康については，小学生のみのデータである。食事の共有，雰囲気と子どもの自尊感情，登校忌避感，心身の健康との関連については，一元配置分析を行った。

4. 小・中学生と家族の食生活

　朝食，夕食の家族との共有の結果を，図 8-2 に示した。夕食のほうが家族と共有する割合が高く，子どもだけ，あるいは一人で食べるのは夕食は約 12% であるが，朝食は約 3 割となった。朝食，夕食の雰囲気は，夕食は 75% 以上が楽しいと回答したのに対し，朝食は約 4 割にとどまっている（図 8-3）。家族ばらばらであわただしい朝食の様子がうかがわれる。

　食事に関する家事参加に関しては，図 8-4 に示す 7 項目の質問を設定した。

第8章　家族一緒の食事と子どもの健康

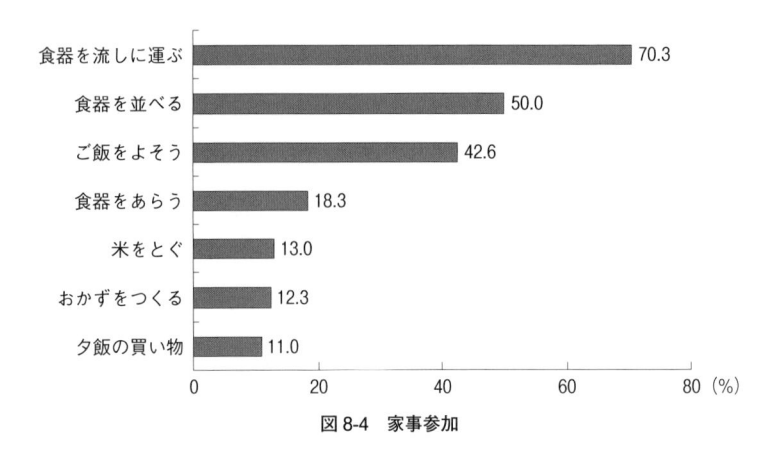

```
食器を流しに運ぶ  ████████████████ 70.3
食器を並べる      ███████████ 50.0
ご飯をよそう      █████████ 42.6
食器をあらう      ████ 18.3
米をとぐ          ███ 13.0
おかずをつくる    ███ 12.3
夕飯の買い物      ██ 11.0
                0   20   40   60   80 (%)
```

図8-4　家事参加

　図8-4に示したのは,「毎日のようにする」の回答割合である。「食器を流しに運ぶ」「食器を並べる」「ご飯をよそう」のように簡単なものは頻度が高く,「食器を洗う」「米をとぐ」「おかずをつくる」「夕飯の買い物」は, 頻度が低くなった。

　次に, 家事参加7変数の因子分析を行った結果, 2因子が抽出された。第1因子は, 技能や時間を必要とし, 頻度の低い「夕飯の買い物」「米をとぐ」「おかずをつくる」「食器を洗う」であり,「食労働」と名づけた。簡単な作業であり, 頻度の高い「ご飯をよそう」「食器を並べる」「食器を流しに運ぶ」の第2因子は,「お手伝い」と名づけた。それぞれの合計点を算出し, 合計点により3グループに分けて分析を行った。

　家庭の食生活の合理化, 食事中のしつけは, 小学生のみを対象に調査を行った。食生活の合理化は, 7項目の質問を設定した。因子分析を行ったところ, 3因子が抽出され, 第1因子が「レストランに行って食べる」および「カップめんやカップ焼きそばなどを食べる」, 第2因子が「電子レンジであたためるパック入りの食品を食べる」「デパートやスーパーの出来上がったおかずを食べる」「コンビニエンスストアのおにぎりやお弁当を食べる」, 第3因子が「家で作ったおやつを食べる」および「おうちの人と一緒に料理して食べる」となった。家庭の食生活の合理化にかかわる変数が, 外食とカップめん, 惣菜とお弁当, および手作りの3つに分類されたのは興味深い。各々の家庭において, 準

備の手間と時間の差によって利用頻度の違いが生じているとみられる。それぞれ「外食」「中食」「内食」と名づけた。

食事中のしつけに関しては，「いただきます，ごちそうさまと言わなかったとき」「食事の途中でトイレに行ったとき」「口の中に食べ物を入れておしゃべりしたとき」「食べ残しをしたとき」「ひじをついて食べたとき」「テレビを見ながら食べたとき」の6つの場面を設定し，注意される頻度を尋ねた。因子分析を行ったところ，1因子しか抽出されなかったため，7項目を合計して分析した。

5. 食事の楽しさは家族の雰囲気・まとまり，食事の手作りと関連

食事の共有，食事の雰囲気，食労働と，家庭の雰囲気，家庭の食生活との相関分析を行った結果を表8-1に示した。

有意な相関が認められたものを太字で示した。朝食の共有は「家庭の雰囲気がまとまっている」，「食事中のしつけ」に正の相関，夕食の共有は「家庭の雰囲気が楽しい」と「内食」に正の相関が認められた。朝食を一緒に食べている家族は，食事中にさまざまな注意を促す頻度が高く，夕食を一緒に食べる家族は食事を家庭で手作りしていることがわかる。また，食労働は「家庭の雰囲気が楽しい」「内食」「食事中のしつけ」に，お手伝いは「内食」に正の相関が認められた。とくに，内食との相関係数は高く，食労働，お手伝いをしているほ

表8-1 食事の共有・雰囲気・家事参加と家庭の雰囲気・食生活との関連

		朝食の共有	夕食の共有	朝食の雰囲気	夕食の雰囲気	食労働	お手伝い
家庭の雰囲気	楽しい	0.166	**0.244**	**0.295**	**0.459**	**0.234**	0.093
	まとまっている	**0.225**	0.157	**0.36**	**0.285**	0.157	0.135
食生活	外食	-0.054	-0.013	-0.095	0.018	0.056	-0.132
	中食	-0.008	0.193	-0.21	-0.048	-0.138	-0.161
	内食	0.188	**0.246**	**0.276**	**0.273**	**0.49**	**0.341**
食事中のしつけ		**0.241**	0.019	0.11	**0.117**	**0.205**	0.109

相関が認められたものは太字，相関係数が.3以上をあみかけ

表8-2 食事の共有・雰囲気・家事参加の規定要因

	朝食共有	夕食共有	朝食雰囲気	夕食雰囲気	食労働	お手伝い
学年	0.285***	0.053	0.181*	0.284***	0.191**	-0.136
性別	0.78	-0.109	0.004	-0.004	-0.26***	-0.218**
家族員数	0.024	-0.027	-0.019	0.057	-0.067	-0.043
起床時間	-0.009	0.089	0.102	0.143*	0.33	0.052
就寝時間	0.022	0.189**	0.127*	0.1	0.059	0.074
塾通い	-0.084	0.096	0.069	-0.01	0.083	-0.037
テレビ	0.06	-0.069	0.031	-0.011	-0.045	0.17
TVゲーム	0.02	-0.126	0.039	-0.011	-0.059	0.186*
朝食共有	—	0.163*	0.394***	0.132*	0.079	-0.025
夕食共有	0.162*	—	0.04	0.129*	0.067	0.205*
Ad-R^2	0.155	0.151	0.336	0.264	0.167	0.153

*$p<0.05$ **$p<0.01$ ***$p<0.001$

ど，内食の頻度が高くなっている。

　もっとも多くの相関がみられたのは，食事の雰囲気である。家庭の雰囲気，家庭の食生活のなかで，とくに朝食の雰囲気が「家庭の雰囲気がまとまっている」，夕食の雰囲気は「家庭の雰囲気が楽しい」と強い相関が認められた。また，食事を楽しいと回答するほど，「内食」すなわち，家庭で食事を手作りする頻度が高まった。

　先にあげた先行研究では，夕食に家族が集まること，食事の内容よりも食事の雰囲気がよいときに，子どもにプラスの効果をもたらすことが示されたが（川崎 2001），今回の小学生の認知では，食事の楽しさと食事の手作りは深く関連することが明らかとなった。

　次に，家族の食事の規定要因を明らかにするために重回帰分析を行った。その結果を表8-2に示している。もっとも子どもの諸状況との関連がみられた食事の雰囲気に関しては，朝食を家族ととり，学年が低く，就寝時間が早い子どもが，朝食が楽しいと答えていた。学年が低く，起床時間が早く，朝食，夕食を家族全員で食べている子どもが，夕食が楽しいと答えていた。食事の雰囲気は，家族が集まること，就寝時間・起床時間などの生活習慣と関連があること

が明らかとなった。また，学年が低い子ども，夕食を家族一緒に食べる子どもが朝食を家族一緒に食べており，就寝時間が早い子ども，朝食を家族一緒に食べる子どもが夕食を家族一緒に食べている。さらに，家事参加は，いずれも女子の方が男子よりも頻度が高く，技能や時間を必要とする「食労働」は，学年が低いほうが行っており，テレビゲームしない，夕食を家族一緒に食べている子どもが，ご飯をよそう，食器を並べ，流しにもっていくなどのお手伝いを行っていた。

6. 食生活と小・中学生の自尊感情，登校忌避感，心身の健康

　自尊感情は，小・中学生であるので，具体的な5項目の質問を設定した。「友だちが多い」「体が丈夫」「スポーツが得意」「優しくできる」「勉強が得意」の順で肯定が多くなっている。また将来の自分は，「幸せな家庭を作る」「よい父・母になる」「仕事で成功する」「皆から好かれる」「有名人になる」の順で肯定が多くなっている。全体的に現在の自分への自信よりも，将来の自分に対する肯定が高くなった。

　登校忌避感については，「朝，学校に行きたくない」と感じることがあるかとの質問に，「とても感じる」「わりと感じる」「すこし感じる」「感じない」「まったく感じない」と回答したものが，各々15.2％，10.7％，14.4％，21.6％，38.1％であった。

　心の健康は「最近イライラする」「暴れたいと思うことがある」「やる気がない」の3項目，体の健康は「頭痛がする」「食が進まない」「下痢や便秘がち」の3項目の質問に，「とてもそう」「わりとそう」「すこしそう」「あまりそうでない」「そうでない」の5つの選択肢を設けた。全体的な愁訴率は低かったが，「イライラする」小学生は50％を超えており，「暴れたい」「やる気がない」に肯定を示す小学生も3割以上となった。また，「頭痛がする」とする小学生も40％に達し，小学生がストレスを抱えていることがうかがわれた。

　食事の共有は，グループ人数の偏りをなくすため，「子どもだけで食べる」と「一人で食べる」を合わせて同じグループとして分析を行った。朝食の共有は，自尊感情，体の健康との関連がみられた。とくに，朝食を家族全員で食べ

るグループが自尊感情，体の健康にプラスの影響があることがわかった。夕食の共有は，自尊感情，心身の健康との関連がみられた。家族全員で食べるグループがほかを大きく離して有意に良好な結果となっており，朝食の共有と同様の傾向を示している。大人がいることよりも，家族全員が集まることが子どもにとって重要であることを示唆している。

朝食の雰囲気は，「あまり楽しくない」グループの人数がもっとも多かったので，「とても楽しい」「楽しい」を合わせて，夕食の雰囲気は「楽しい」グループの人数がもっとも多かったので「あまり楽しくない」「楽しくない」を合わせ

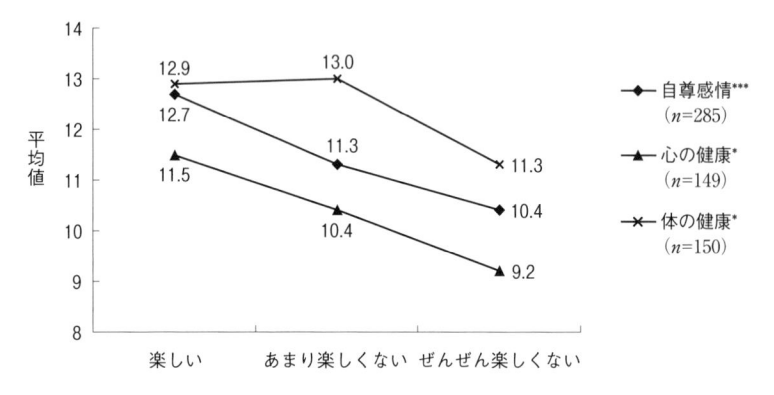

図 8-5　朝食の雰囲気と子どもの自尊感情・心身の健康

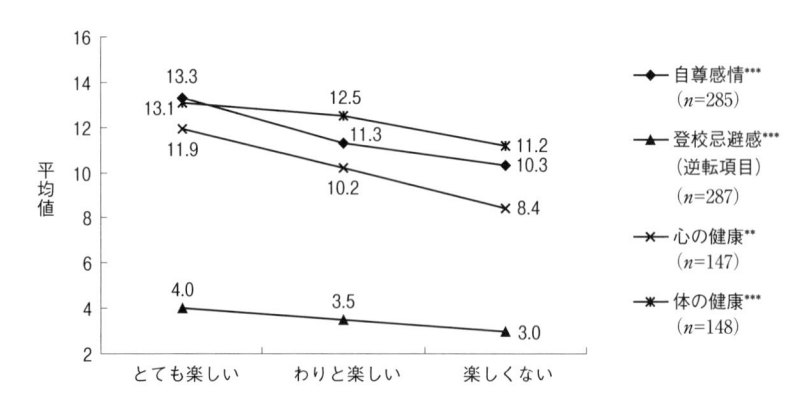

図 8-6　夕食の雰囲気と子どもの自尊感情・登校忌避感・心身の健康
($*p<0.05$　$**p<0.01$　$***p<0.001$)

て同じグループとし，各々人数の多いグループを中位群として3グループの平均の比較を行った。

朝食の雰囲気は自尊感情，心・体の健康（図8-5），夕食の雰囲気は自尊感情，心・体の健康，登校忌避感（逆転項目）との関連が認められた（図8-6）。食事の雰囲気は，朝食，夕食ともに多くの項目との関連がみられた。とくに朝食が「ぜんぜん楽しくない」ことは子どもにマイナス方向に影響し，夕食が「とても楽しい」ことは子どもにプラスの影響を及ぼすといえる。

食に関する家事参加は，食労働は自尊感情・心の健康と，お手伝いは心の健康との関連がみられた。いずれも家事参加の頻度が高いグループが，自尊感情，心の健康が良好であった。

7. 子どもの健康にプラスの影響を及ぼす「楽しい食事」

家族の食事は子どもの自尊感情，登校忌避感，心身の健康にプラスの方向で影響していることが明らかとなった。とくに夕食の雰囲気は，自尊感情，将来の自分，登校忌避感，心身の健康すべてに関連し，朝食の雰囲気も登校忌避感以外の項目との関連がみられた。食事の雰囲気の重要性を指摘する先行研究の結果が追認されたといえる。本研究ではとくに，夕食が「とても楽しい」子どもはほかよりも良好な傾向，朝食を「ぜんぜん楽しくない」と答える子どもはほかと比較してよくない傾向を示すことが明らかとなった。また，食事の共有は，とくに「家族全員」集まることが，自尊感情や心身の健康に良好な影響を及ぼした。さらに，これまで先行研究において取り上げられなかった「自尊感情」については，朝食・夕食の共有，朝食・夕食の雰囲気，食労働の5変数との関連が認められ，食事をとおして得られた家族とのコミュニケーションが子どもの自信につながることが示唆された。

家族一緒に食べることや，早寝早起きの生活習慣が食事の楽しさに影響すること，食事が楽しい子どもは家庭の雰囲気も楽しい，まとまっていると認知していること，惣菜などを買ってくるよりも手作りする方が食事を楽しいと答える傾向が明らかになった。一方で，学年が上がるにつれて食事の雰囲気を楽しいとしない傾向，家族一緒の朝食，食労働の頻度が低くなる傾向が明らかと

なった。アメリカにおける先行研究では，とくに思春期の子どもに対する家族の食事の重要性が指摘されており，思春期の子どもをいかに家族の食事に参加させるかについての研究が必要であろう。今後はさらに対象者を広げるとともに，家族の食事，自尊感情，登校忌避感，心身の健康それぞれの変数の関連について，より高度な分析による詳細な解明を行いたい。

(『京都女子大学発達教育学部紀要』第5号 pp.81-90所収)

コラム 子育て・家庭教育の視点

3.「イクメン」は三文の得

　男性は妊娠・出産・授乳することができません。でもそれ以外の育児はすべて担当することができ，母親と同等の責任があります。最近では育児にかかわるお父さんが「イクメン」ともてはやされていますが，そんなことは当たり前！

　私が3人目の子どもを出産したとき，1番目の子（センチくん！？）は4歳，2番目の子は2歳でした。夫は昼夜を問わず働くメーカー社員，深夜帰宅は毎日のこと，土日出勤も珍しくありません。仕事を続けながらの子育ては，父母や義母の力を借りて，何とか乗り切りました。子どもは日に日に成長するので，本当に手がかかるのは短い期間です。まさに「案ずるより産むが易し」ですが，母親1人ではやっていけません。子育ては夫婦の共同作業です。

　育児休業を取った男性が，平日の昼間赤ちゃんと2人きりで街に出ると，周りから変な目でみられたり，男子トイレにはオムツ替え用ベッドがなかったり，さまざまな不自由を感じたと話しておられました。父親の育児休業取得がなかなか増えないのは，社会全体の「子どもは母親が育てるべき」という偏見から，職場の理解が得られないことが一つの理由です。また，休業中は所得が減少するので，父親よりも所得が低い母親が仕事を辞めたり，休業を取ることが多いのです。でも，育児を経験したことから得た親としての自信が，思春期の難しい時期に親子関係を良好に保つ力になります。案の定，子育てにあまりかかわらなかった私の夫は，思春期に子どもが反発したとき，戸惑い，悩みました。父親の子育てでもっとも頻度が高いのは「子を風呂に入れる」ことですが，それだけでは不充分。自分の思い通りにならないことだらけの子育ては，自らの仕事にとっても，よいヒントを与えてくれるのではないかと思います。

　私の知っているお母さんは，お子さんが1歳ぐらいのころ腕を骨折して，しばらく抱っこが出来なくなりました。そうしたら，子どもはお母さんよりもお父さんが好きになり，一時的にお母さんになつかなくなったそうです。父親も子どもとのスキンシップをしっかりととることで，母親と同じように親子の信頼関係を築くことが出来ます。両親が互いを思いやり，子どもとのスキンシップをしっかりとって，いつまでも仲のよい素敵な家族をつくりたいですね。

第Ⅲ部

子育てと母親の今昔

第9章
戦前期の出産とジェンダー

　生まれてくる子どもについて男児を望むか，女児を望むか，子どもを育てるにあたってどちらの性に対して手をかけるかを性別選好という（小谷 2002）。今日の性別選好は男児選好から女児選好へ変化したとされるがその理由は明確ではない。近代的都市生活の原型とされる新中間層における性別選好はいかなるものだったか。本章では，戦前期の『主婦之友』における妊娠出産記事を資料として，性別選好の意識と実態について明らかにする。

1. 性別選好と子ども観の変遷

　子どもの価値は，性別によって異なり，子どもの性別に対する関心は，その親が暮らす社会の制度や文化に応じて変化する。性別選好は，ジェンダー格差が大きいほどはっきりと認識されるといわれる（守泉 2008）。「男児選好」の環境は，ジェンダー化されたあらゆる社会文化において普遍的に見出される（篠崎 2005）。また，子どもを産むかどうかの意思決定には，性別構成に対する選好もかかわっており，出生行動にも影響を及ぼすとされる。さらには，近年の医療技術の発展のなかで，生命倫理の観点から「男女産み分け」が議論され（飯塚ほか 1986，杉山 1986，平塚ほか 1998），出生前性別判断による選択的人工妊娠中絶が危惧されている（高間木ほか 2010）。このように，性別選好は，子どもの人権，人口問題，生命倫理など，多様，かつ重要な今日的課題を含んでいる。

　厚生省・厚生労働省の出生動向調査では，1972 年には男児を望む率が女児を大きく上回っていたのに対し，1987 年以降逆転し，都市部では女児選好の傾向が顕著になっている。性別選好の出生力への影響を重視し，詳細な分析が行わ

れている（坂井 1996）。最近の調査結果からは，男児をもつ母親の第2子出生意欲，男児2人をもつ母親の第3子出産意欲が高いことが明らかになった（守泉 2008）。雇用者が増え，子に相続させる家業・家産がなくなった現在，結婚後も実家との交流頻度が高いことが，女児を望む理由の一つであろう。老後の介護問題が深刻化するなかで，世話的援助をより多く期待できるとして女児が重視されているという見方も強い（守泉 2008，篠崎 2005）。小谷が行った調査では，母親の女児選好の理由として「女児が育てやすい」との回答が多く，母親の成長過程において男児と接することが減少したことのほかに，女児は男児より従順である，男児は女児より多くの教育投資が必要であるというジェンダー・バイアスを含んだ要因が考察されている（小谷 2002）。

　家制度下においては，子は家業・家産を継続し，親を扶養することが求められた。家制度は儒教思想に影響を受けた日本独自の直系家族制であり，多くの場合，長男に家長権が与えられ，男児を尊ぶ社会規範が存在したと考えられる。大正期における男児選好が，人口学的にも指摘されている（松下 1990）。貧しい地域では子殺し，いわゆる間引きが行われていた（竹内 2004）。女児が嬰児殺しの犠牲になっていたことが歴史資料より推測できるという（千葉ほか 1987）。一方で，大正期には，いわゆる「新中間層」といわれる階層が形成された。新中間層とは，ホワイトカラーの俸給生活者家族であり，社会階級は，資本家と賃労働者の中間，中位の生活水準である階層をさす。第一次大戦後から昭和初期にかけての時期に都市部で増加した新中間層は，人口の1割にも満たない少数階層であったにもかかわらず，文化生活の担い手，大衆消費社会における消費リーダーとなった。彼らの生活は人々のモデルとされるとともに，今日のわれわれの生活に連なる近代的都市生活の原型とされている（佐藤 2004）。

　男児選好が一般的な時代において，俸給者家族であり，子どもに引き継ぐ家業をもたない新中間層の性別選好はいかなるものであったのだろうか。今日の女児選好に連なる意識がみられたのであろうか。戦前期の性別選好に関する研究は少なく，とくに社会規範ではなく，意識レベルでの選好に関してはほとんど明らかになっていない。

　今日の性別選好が男児選好から女児選好へ変化した要因について，明確になったとはいえず，歴史的経緯を探ることは必要であろう。また，戦前の意識レ

ベルでのジェンダーに対する価値観を知る上でも，近代的都市生活の原型とされる新中間層における性別選好の実態を知ることは興味深い。

2. 戦前の婦人雑誌

　婦人雑誌の発展を3期に分けた青野季吉は，大量生産が実現され，大量販売が可能になった第2期の代表的雑誌を『婦人公論』，および『主婦之友』としている（佐藤 2002）。『婦人公論』は新しい女性の生き方を追求したのに対し，『主婦之友』は日常生活に関する記事を多く含むものであった。『主婦之友』は，新中間層の主婦をターゲットに編集され，実際にも新中間層の主婦を読者として大量に獲得することにより，当時にあって発行部数第1位を獲得するまでに成長した大衆誌である（主婦の友社 1965，佐藤 2003）。その内容は家庭経営に重点を置き，家庭経済，衣食住，家族の健康，子どもの養育などについて行きとどいた指導を行った。年間発行部数は，創刊 1917（大正 6）年の1万部から，1927 年に約 20 万部，1931 年に約 60 万部，1943 年には最大部数 163 万 8800 部に達したとされる（永峰 1997，主婦の友社ホームページ）。『主婦之友』を家族に読み聞かせたり，友人を呼んで一緒に読むとの読者投稿記事や，『主婦之友』の講演会をきっかけに婦人会が発足したことから，『主婦之友』をとおしたコミュニケーションが行われていたことが明らかである（石田 1998）。当時の中流階級の生活に少なからず影響を及ぼしたと考えられる。

　天童は 1960 年代からの育児雑誌の内容分析をとおして，育児知識の伝達構造の変化，母親像の変容を分析した。育児雑誌に注目する理由として，育児雑誌が，読者のニーズに即応するメディアであるため，育児をめぐる価値は意識の変容を把握しやすい，また，読者の声を反映した紙面づくりをしていることをあげている（天童 2004）。戦前期のテレビ・ラジオがない時代，『主婦之友』は育児に関する新しい情報を得るメディアとしては希少であったと考えられる。読者の体験記事，読者の相談に応じる記事も多く，その時々の時代背景を反映する内容であった。天童のいう育児雑誌を分析に用いる理由が『主婦之友』にもあてはまる。『主婦之友』を分析資料に用いることは当時の性別選好を知る上で有用と考える。

本章では，戦前期の『主婦之友』の分析をとおして，新中間層の出産・子育てにおける性別選好に対する意識，および実態について明らかにしたい。

3. 『主婦之友』の記事の抽出と分析方法

(1) 研究資料

本研究の研究資料は，戦前期の『主婦之友』である。

『主婦之友』は大正6年3月刊行の創刊第1号から，昭和20年12月号までとする。雑誌記事の内容構成は号により異なるが，おおむね特集記事，保育，家庭医学，その他の実用記事（美容，手芸，裁縫，料理など）からなる。『主婦之友』の分析資料はすべてお茶の水図書館の蔵書を用いた。

(2) 記事の抽出

まず，対象とした『主婦之友』の記事から，妊娠，出産，乳幼児に関連する記事すべてを抽出した。抽出した記事は，識者が寄せた啓蒙的な記事，記者の取材記事，読者の体験談，座談会などを含んでいる。このほかに，毎号の巻末に「育児衛生相談」「産婦人科相談」として，読者から寄せられた相談に医師が回答する欄が設けられていたが，それらに関しては抽出していない。また，腹帯，妊婦服，産着，ベビー服の作り方，妊娠中の食事のレシピなど，実用記事に含まれるものは除いた。

表9-1は，抽出した記事の出現数を内容・年代別に示している。年代は，大正期，昭和の初めから日中戦争が始まる前の1936（昭和11）年まで，1937（昭和12）年から太平洋戦争が終わる1945（昭和20）年までに分けた。妊娠に関しては，産児調節，不妊，産み分け，妊娠診断，分娩予定日，妊娠中の生活などに関する内容がみられた。出産後の育児は，子育ての方法のほか，母乳や人工栄養，子どもの病気に関する内容が多くみられた。内容の合計と，記事数が合致しないのは，例えば，妊娠中の過ごし方と，安産の方法が同時に語られたような記事があるからである。とくに太平洋戦争が始まってからは，次第に雑誌のページ数も減少し，1934（昭和9）年のピーク時には700ページ近くもあったものが，1945（昭和20）年には20分の1以下の30ページほどまで減少し

3. 『主婦之友』の記事の抽出と分析方法

表9-1　抽出した記事の内容の推移

年代		1917（大正6）年 〜1926（大正15）年 大正デモクラシー 世界恐慌・経済不況	1927（昭和2）年 〜1936（昭和11）年 満州事変 女性の職業要求	1937（昭和12）年 〜1945（昭和20）年 日中戦争・太平洋戦争 国民総力戦
妊娠	避妊	3	17	0
	不妊	7	13	7
	産み分け	3	10	0
	妊娠診断	3	3	0
	分娩予定日	0	3	0
	妊娠中の生活	14	11	14
出産	分娩	27	21	15
乳児	母乳・人工栄養	19	13	10
	乳児の育て方・世話	35	43	18
	乳児の病気・事故	5	28	25
記事数（年代別）		116	162	89
抽出した総記事数			367	

ている。少ない紙面で多くの内容が盛り込まれた記事が多くなっている。

　記事は，読者による体験記事が多く含まれるほか，医師や記者による記事も，詳細，具体的であり，すぐに実生活に活用できる内容のものがほとんどである。親と同居せずに都市部に暮らす家族にとっては，妊娠，出産，子育ての情報を得る貴重な手段であったことがうかがえる。記事の内容は，以下のように，当時の社会・経済的背景を如実に反映している。

　「避妊」については，昭和の初めには20本近くみられたが，1937（昭和12）年以降は「子だくさん」の体験記が増え，急に姿を消している。大正期からの不景気に加え，昭和初期は1929年の世界恐慌の影響で，俸給者の賃金が低下する。『主婦之友』にも「副業」「内職」で成功した体験や，節約家計の体験記事が毎号のように掲載されていた。妊娠診断，分娩予定日に関しては，具体的な方法や予定日を判断する表などが掲載されていたが，記事数は少なく，当時一般に知識が普及しつつあったと考えられる。妊娠中の注意については，今日の育児書にもみられるようなつわりの対処法，日常生活の注意事項などが記されている。出産は，産院，病院における出産の記事もみられるものの，産婆が行

う自宅出産が多く行われていたことがわかる。安産,「無痛分娩」を経験した読者からの体験記事も複数寄せられていた。乳児の世話・育て方に関しては,おむつのあて方,寝かせ方,離乳の方法,遊ばせ方,夜泣き・乳嘔吐の対処法など,今日とあまり変わらない内容である。夏には汗疹を予防する衣類や入浴のさせ方など,季節ごとの詳細な注意事項が語られている。1937（昭和12）年以降は,子だくさんで,健康な子を育てた読者による記事が目立った。「乳児の病気,事故」に数えた記事は,医師や産婆が語る家庭看護法,および子どもを病気から救った,あるいは亡くしてしまった読者の体験記である。戦前の一般家庭では,医者にかかる頻度が低く,乳幼児死亡率が高かったことが推察できる。

(3) 分析対象記事

上記,抽出した記事のなかで,男女児の産み分けに関する記事,および,不妊に関する体験談を分析対象記事とした。前者は,主に医療従事者が男女の産み分けの方法について語った記事,および産み分けに成功した読者の体験記事である。後者は,不妊治療など,妊娠のための努力,あるいは長期におよぶ不妊期間の後に「子宝」が授かった読者が寄せた体験記事である。

「分娩」に関する記事には性別選好についての内容は含まれていなかった。また,乳児に関する記事の主な内容は,傷病の予防や応急処置,乳幼児の育て方についてである。記事の数は多かったが,具体的な乳児の世話の指導がほとんどであり,性別選好の分析資料としては適さないと判断した。

(4) 記事の分析

産み分けに関する分析対象記事は,表9-2に示した12本である。医師などが産み分けの具体的方法,妊娠した胎児の性別鑑別法について述べた記事が7本,実際に産み分けに成功した読者が寄せた記事が4本,残りの1本は,記者が医師の経験談を取材したものである。産み分けの具体的方法については,男児,女児のどちらを妊娠する方法なのか,また,体験談については,望んだ性別について検討する。

不妊に関する分析対象記事は計27本あった。その内容は,医師が妊娠する

3. 『主婦之友』の記事の抽出と分析方法　95

表 9-2　分析資料（産み分け）

no.	西暦	年号	巻	号	著者	表題	ページ	記事の種類
1	1923	T12	7	4	大塚鼓山（日本性別学会長）	男女の児を自由に得たる実例	28-31	識者による啓蒙記事
2	1926	15	10	1	長谷川茂治（医師）	男女の区別は如何にして生じるか　興味ある幾多の研究と科学的の新学説	163-166	医師による啓蒙記事
3	1927	S2	11	6	伊藤ふみ子・太田みち子	男児を思ひ通りに得た母の実験	216-219	読者体験
4	1927	2	11	7	高木乗	夫婦の年齢で胎児の男女別を知る法	161-164	識者による啓蒙記事
5	1928	3	12	3	市川清・本橋かをる・小池美和子・奈利多八重子・伊藤めぐみ	男女の児を思ひのまま産んだ実験	64-76	読者体験
6	1929	4	13	10	桜井大路・高木乗	生れる赤坊の男女別を知る法	80-83	識者による啓蒙記事
7	1930	5	14	6	田中香涯（医師）	男女児を自由に産む簡単の新方法の発見	198-202	医師による啓蒙記事
8	1931	6	15	2	小倉清太郎（医師）	男女児を自由に産む新しい方法	212-216	医師による啓蒙記事
9	1931	6	15	5	小倉清太郎（医師）	男の子を自由に妊娠する方法	130-135	医師による啓蒙記事
10	1933	8	17	2	嵯峨根藤枝・金岡白百合・高瀬澄子	男女の児を思ふ通りに産んだ方法	204-209	読者体験
11	1935	10	19	3	安達ゆい子	妊娠に就いての不思議な経験　男女児を思ふやうに産んだ経験	399-402	読者体験
12	1935	10	19	12	塚田芳乃・森本園子・正木菊子	男の子と女の子を思ふままに産んだ実験家の報告	148-158	読者体験

方法について語った記事，記者が妊娠の方法について取材した記事，医師，鍼灸師の妊娠の方法についての解説と，それを実行した読者の体験記が集められた記事，読者の体験記事，座談会の収録であった。このなかで，読者の体験記事14本を分析対象とした（表9-3）。不妊治療，あるいは，長い不妊の後に得られた子どもが男女児のいずれなのかを検討する。不妊の後得られた子どもは選好されたのかどうか判断ができないが，記事として掲載された時点で，編集者

表 9-3　分析資料（不妊の読者の妊娠・出産体験記事）

	西暦	年号	巻	号	読者体験記事の表題	ページ
13	1920	T9	4	12	結婚後長い年月を経てようやく子宝を得た実験談	52-60
14	1924	13	8	7	結婚後永年を経て愛児を得た母の経験	290-293
15	1926	15	10	10	子なき婦人が子宝を得た実験　手術もせねば薬も服まず如何に子宝を得たか？	178-181
16	1927	S2	11	6	人工妊娠によつて子宝を得た経験	83-87
17	1928	3	12	9	不妊の人が赤坊を産んだ経験	82-93
18	1930	5	14	2	医者に罹らずに不妊症を治して子供を産んだ経験	138-144
19	1931	6	15	2	不妊の婦人が子供を産んだ経験	146-151
20	1934	9	18	4	産めなかった子供を産んだ経験	234-243
21	1935	10	19	1	生姜温灸で婦人病を治し十一年目に愛児を恵まれた経験	258-263
22	1937	12	21	5	不妊の婦人が手術をせずに子宝を得た方法の発表	272-279
23	1938	13	22	8	子宝の出来る名灸の秘伝　痕もつかず熱くもない人参温灸のすえ方	258-262
24	1939	14	23	2	諦めていた子宝が授かった方法	182-187
25	1941	16	25	12	諦めていた子宝が授かつた妊娠の実験	186-189
26	1942	17	26	8	不妊症を直して安産した体験	153-155

の意図が含まれていると考えられ，社会的な選好の傾向を判断することが出来ると考えた。また，体験記を寄せた読者は，男児を選好していたのか，男児選好が一般的な社会において，女児でも「子宝」として尊ばれていたのかを記事の内容から検討する。

4. 産み分けに関する記事

　表 9-2 からわかるように分析対象となった 12 本の記事のうち，記事の題目に「男児」を謳っているものは 2 本，残りの 10 本は「男女」となっている。

　まずはじめに，識者が産み分けの具体的方法，妊娠した胎児の性別鑑別法について述べた記事についての分析結果を述べる。分析対象は表 9-2 の資料 no.1，2，4，6，7，8，9 の 7 本である。

　日本性別学会長の大塚鼓山による「男女の児を自由に得たる実例　独断的否

定を敢てする前に先ずこの事実を看よ」(資料 no.1) では, 記事の中見出しでも「男女の性」「男女の児」といっているものの, 内容は, 高齢で女児を得たが亡くし, 男児を望む相談者との手紙のやり取りである。筆者の指導により男児の分娩に成功し, 最後には男児を産む方法が記されている。

資料 no.2 は, 胎児の性別が生まれる仕組みの説明であり, 性別の選好はみられない。

資料 no.4 では「男女の年齢差により男女児が産み分けられる」という通説を上層家庭の 4 例で示している。各々五男三女, 六男一女, 五男一女, 一男八女を設けており, 前の 3 例がよい例, 最後の例はよくない例としてあげられていると読み取ることができる。

資料 no.4 の筆者である高木乗は, 資料 no.6 でも妊娠中の胎児の性別について, 母親の年齢によって鑑別する方法を提唱している。同じ記事の桜井大路による鑑別法は, 「人相」によるものである。いずれも, 男女児の選好を示す文言は認められなかった。

資料 no.7 は, 医師が女性器の酸とアルカリによる男女の産み分けについて述べている。題目では「男女児」といっているものの, 資料 no.1 と同様, 「必ず男児を産む方法」「なぜ男児が生れるか」とあり, 男児を選好する記事といえる。

資料 no.8 は, 産婦人科医師が, 当時の通説である卵巣手術, 両親の年齢, 栄養, 性欲, 月経周期と妊娠する性別との関係について述べたものである。終始「心のままに, 或いは男の子を, 或いは女の子を作りたいといふやうな学者の研究心の現れから (後略)」というような表現が使われており, 特定の性別選好の傾向はみられない。

資料 no.9 は, 副題に「女の子も斯うすれば自由に妊娠される」とあるが, この記事が提唱する「月経周期法」により, 男児を出産した 6 例が掲載されており, 男児選好の記事である。

以上, 識者が産み分けの方法について述べた記事は, 8 本のうち, 4 本 (資料 no.1, 4, 7, 9) に男児選好の傾向があり, 女児のみを選好する記事はみられなかった。

次に, 産み分けについての読者の体験記事の内容を表 9-4 に示す。居住地,

夫の職業，出生児の性別，男女児の選好とその理由についてまとめている。記事の内容から判断ができない場合は空欄とした。

14件の体験記事のうち，男児選好と判断できる記事が8件，女児選好が3件であった。選好の理由としては，男児ばかり，女児ばかりが続いたので異なる性別の子がほしいというものが8件（男児は8件中7件，女児は3件中1件）

表9-4　読者体験記事における性別選好（産み分け）

資料 no.	筆者	記事の題目	居住地	夫の職業	出生児の性別	選好	選好理由
3	伊藤ふみ子	女児二人のあとに望み通り男児を得た妊娠中の心得	神奈川		二女の後に男児	男児	異なる性別の子がほしい
	大田みち子	女児を産みやすい体質の私が初めて男児を産んだ経験	群馬		二女の後に男児	男児	異なる性別の子がほしい
	市川清	胎教で男女の児を自由に儲けた実験	名古屋	医師	二男の後に女児	女児	異なる性別の子がほしい
	本橋かをる	男女の児を自由に産んだ二つの秘伝	大阪		三女の後に男児	男児	異なる性別の子がほしい
5	小池美和子	二男二女を交互に自由に持った経験	愛知		男児→女児→男児→女児		
	奈利多八重子	両親の年齢で男女児を自由に産む法	札幌	技師	男児	男児	夫婦や周囲の事情
	伊藤めぐみ	母親の年齢で男女児を自由に産む法	松山		長女の後に男児	男児	異なる性別の子がほしい
	嵯峨根藤枝	四男二女を思ふままに産んだ母の経験	東京	海軍軍人	男児→女児→男児→男児→女児	女児	長女が寂しそう
10	金岡白百合	女児ばかり産んだ私が男児を得た方法	岡山		二女の後に男児	男児	異なる性別の子がほしい
	高瀬澄子	寝方ひとつで男女の児を自由に産んだ経験	佐賀		女児→男児→男児→女児		
11	安達ゆい子	男女児を思ふやうに産んだ経験	福島		女児→女児→男児		
	塚田芳乃	重曹水で洗浄して五人目に初めて男児を産んだ経験			四女の後に男児	男児	異なる性別の子がほしい
12	森本園子	脂肪の多い食物を摂つて望み通り女の子を産んだ経験		図画教師	二男の後に女児	女児	女の相談相手がほしい
	正木菊子	日光浴を盛んにして男の子を産むことに成功した経験			男児	男児	実家の相続のため

と多い。

　資料 no.3「男児を思ひ通りに得た母の実験」の小見出しにも「産まれる子供が男児でも女児でも，それは神の摂理の下に授かるものでありますから，いづれを是とも非とも定められませぬ。しかし個人の場合になりますと，どうしても男児が欲しいとか女児でなくてはといふことを考へなければならぬことも，また已むを得ないことでありませう。性別会の会員として，その指導により，目的通りのお子様を得たといふ，次の二婦人の体験談をご覧くださいませ（記者）」(216 頁) とある。「男児」と謳っているが，性別の区別なく偏りなく子どもを望むことに言及している。男児二人が続いた後に女児を望んだ資料 no.5 の市川清は，「女の児ばかりで三人続いた家で，この方法で長男を儲けられた方などもあります」(61 頁)，また，同じ記事の本橋かをるも「男の児の生れる家庭には，男の児ばかり生れ，また，或る家庭では，不思議に女の児ばかり生まれます。前向きに，なんとかしてこれを自由に儲けることができないかといふことに就ては，専門家によつて種々と研究されてをりますが，最近では，その可能なことが，続々と，科学的に実証されるやうになりました」(62 頁) とある。

　男児選好の理由が明確に記述にみられたのは，資料 no.5 の奈利多八重子，資料 no.12 の正木菊子による体験記事 2 件である。前者は「私は，私たち夫婦の将来のことや，周囲の事情等を考へて，どうしても最初に男の児を得たいと望みました」(74 頁) とある。それ以上の理由は記載されていなかった。後者は，「夫婦の間に出来た子供を，後継者として入籍すれば，一人娘でも他家に入ることができる（後略）」(152 頁) ため，男児が欲しかったと述べている。一人娘であるが，婿養子をとらず，自身の望む結婚相手の家の戸籍に入ったため，妻の実家の跡取りとするために男児を望んだ例である。家制度下の戦前においては，男子が家督相続をすることが通例，女児ばかりの家は婿養子をとることが一般的であった。

　女児選好 3 件の詳細は以下のとおりである。1 件目は二男の後に女児を「胎教」により得た市川清（資料 no.5）であり，「『ああいふ坊ちやんが欲しい』とか，『あんなお嬢さんを欲しい』と（中略）毎日，その候補者を想像するやうにすれば，その胎教によつて，男性，女性といふことはもちろん，思ふままの性

情を持つた子女を挙げ得るのでありあます」（66頁）と述べている。また、「（前略）女の子一人だけがいかにも寂しそうなので、願へることなら、もう一人女の児をと（中略・女児が産まれて）その時の長女の喜び方つたらありませんでした」（資料 no.10、嵯峨根藤枝、205頁、傍線・カッコ内は引用者による）と、4児をもうけながら女児を望んだ例があった。さらに、資料 no.12 の森本園子は、以下のように、自身の相談相手として女児を望んでいた。「（前略）どういふ心理か、女の子が一人ほしくてなりませんでした。女には女の相談相手が…といふ気持が、心の底に動いていたためかとも思ひます」（151頁、傍線引用者）。

　表9-4 からわかるように、居住地、夫の職業が明記されていない記事が多いが、明記された記事、また、その他の記事も含めた体験の内容から判断して、都市部の俸給生活者が多くを占めていると考えられる。居住地や、夫の職業による、性別選好の違いは認められなかった。

　識者の記事は、表9-2 の記事の表題からもわかるように、大正期の「男女同権論」「女性解放」の影響からか、表向きは「男女児」としている。しかし、記事の内容は、女児を産むための方法はみられないのに対し、男児を産み分ける方法を語るものが半数であり、男児選好の傾向がみられる。社会規範レベルでの「男児選好」の表われと考えられる。

　読者体験記事に関しても、表9-4 にみられるように、14件の体験記のうち、8件が男児選好、女児選好は3件であり、男児を選好した記事が女児を上回った。しかし、伊藤文子、太田美智子（資料 no.3）が二女の後に男児を望み、市川清（資料 no.5）、森本園子（資料 no.12）が二男の後に女児を望むといった例が示すように、多産が一般的な時代において、性別が偏った場合、男女にかかわりなく、異なる性の子を望んでいた。一人娘が寂しそうなので（資料 no.10、嵯峨根藤枝）、あるいは自身の同性の相談相手として女児が欲しかった（資料 no.12、森本園子）といった女児選好の記事も、注目に値する。

　規範レベルでは男児選好の社会のなかで、とくに新中間層のあいだでは、意識レベルでは男女の子どもを偏りなく望んでいたことが明らかになったといえるだろう。

5. 不妊に関する体験記事

次に，妊娠のための努力・治療，あるいは長期におよぶ不妊期間の後に妊娠・出産した読者の体験記事の内容を表9-5に示した。居住地，夫の職業，出生児の性別，男女児の選好についてまとめている。分析対象とした記事すべてにおいて，性別選好の理由は読み取れなかった。記事の内容から判断ができない場合は空欄とした。

性別選好が明記されていたのは，33件中4件のみである。かへでによる記事

表9-5 読者体験記事における性別選好（不妊）

資料no.	筆者	記事の題目		夫の職業	出生児の性別	選好
13	貞子	結婚後九年目の三十二歳にして初児を得た私の実験	東京		男児	
	与志子	他人の児を預かったため実子を与えられた奇跡に近い事実	土佐		男児	
	かへで	『主婦之友』の記事によって六年目に妊娠した私の喜び	大阪	小学校教師	男児	男児
14	永井房野	結婚九年後に愛児を儲けた喜び	北海道	役所勤務	男児	
	杉野みどり	『主婦之友記事』により愛児を分娩	大阪		男児→女児	
15	輪田クニ子	子宮の器質的変異ある婦人の安産			男児	
	黒島すみゑ	八回目の妊娠で初めての安産			女児	
16	綿川まつ子	愛児を恵まれて夫婦愛の蘇生	東京		男児	
	森とみ子	赤坊を産んで今ぞ此の喜び	東京		女児	
17	山下志津絵	一銭の金も使はずに愛児を得た経験	山口		男児	
	田村恭子	吉田夫人の健康体で妊娠した経験	新潟		男児→女児	男女児
18	中田みどり	食養生と千葉湯で九年目に妊娠	東京		男児→男児→妊娠中	
	御園清子	簡単な灸で八年目に妊娠した経験	東京		妊娠中	
	橋本千恵子	腰枕をして結婚後八年目に妊娠	熊本	会社勤務	女児	
	山口とみ子	ドクダミ療法で子宝を儲けた実験	京都		男児	

表 9-5 読者体験記事における性別選好（不妊）（つづき）

資料 no.	筆者	記事の題目	夫の職業	出生児の性別	選好
19	笹野秀子	四十を過ぎて初児を産んだ経験	東京	男児	
	小野初子	結婚して十年目に初産をした経験	東京	女児→男児→男児	
20	対馬時子	手術治療で十年振りに妊娠した経験	東京	男児	
	月島とし子	腰枕を利用して七年目に妊娠した経験	大阪	男児	
	南輝江	アルカリ洗浄薬で八年目に妊娠	愛知	妊娠中	
	永谷つね子	干葉の温浴で十八年目に妊娠	青森	女児	
21	大類幸子	生姜温灸で婦人病を治し結婚後十一年目に愛児を恵まれた経験	貿易会社	男児→女児	
22	河原静子	後屈と内膜炎を治し結婚十五年で妊娠		女児→男児	
	山田たまえ	十余年の便秘を治して子宝を得た経験		男児	男児
	石田恵子	にんにく・サフラン・腰枕で妊娠した体験	力士	女児→女児→男児	
	八田やす子	結婚十二年目に妊娠した経験	力士	女児	
	角田カヨ	薬草風呂で十九年目に子宝を得た体験		女児	
23	服部ハナ子	子宮後屈が全治して子宝を恵まれた喜び		女児	
	小田百合子	結核後十三年目に子宝を得た体験		女児	
24	高塚恵子	指圧療法で子宮前屈を治して十年目に二児の母となつた喜び	銀行員	男児→女児	
	深田糸子	秘伝の漢方薬で結婚十二年目に女児を分娩	会社員	女児	
	小野くに子	ホルモン注射で発育不全を治して結婚九年目から恵まれた五人の子宝		五児（性別不明）	
25	藤田安子	結婚十三年目に重層水の洗浄で男児を安産	朝鮮	男児→女児	男児
	関口いと	結婚八年目に腰湯と腰枕で妊娠した実験	群馬	女児→男児→女児	
26	桐明玉枝	子宮後屈相と発育不全法を治して，結婚六年目に男児を安産	福岡 勤め人	男児→男児	

には「(前略) 本年正月十七日，月満ちて<u>希望通りの男児を分娩いたしました</u>」(資料 no.13，かへで，58 頁，傍線引用者) とある。山田たまえは「生れた子供が<u>望み通りの男の子だったので，一そうの喜びを致しました</u>」(資料 no.22，山田たまえ，27 頁，傍線引用者) と，述べている。藤田安子の記事には，前述のような『主婦之友』の記事に掲載された産み分けの方法を実践した結果,「これが，天の恵みか偶然か見事に成功して，結婚後十三年にして<u>理想通りの男の児が授かり</u>(後略)」(資料 no.25，藤田安子，187 頁，傍線引用者) とある。

　一方，田村恭子による記事には，男女児どちらでもよいとの記述が含まれており，記述内容は以下のとおりである。「生まれさえすれば，<u>男でも女でも</u>と思つてゐましたら男だったので，(後略)」(資料 no.17，田村恭子，92 頁，傍線引用者)。

　出生児の性別は，複数の子どもを得た例を除くと，男児 12 件，女児 8 件であり，男児の方が多い。次のような記事からも，依然として男児を尊ぶ規範が強かったことがうかがえる。「(前略)<u>男だったので，</u>周囲の人からは,『<u>お手柄お手柄</u>』と褒められますし，あのときばかりは，六年間のさまざまな厭な想出も，一度に洗ひながされた心地がいたしました」(資料 no.17，田村恭子，92 頁，傍線引用者),「(夫は) <u>殊に男の子</u>でございますので，自分の手柄ででもあるやうに大威張りでございます」(資料 no.16，綿川まつ子，83 頁，傍線，カッコ内引用者)。

　不妊後に子どもを授かった体験であるために高齢の場合が多く，多くの記事の筆者が第一子だけでおわる可能性を含んでいる。女児が出生した読者の感想はいかなるものかをみると，以下のとおりであった。「(前略) 八月二十七日俄かに産気づき，無事に女児を分娩いたしました。<u>そのときの歓びは今にも忘れるときはありません</u>」(資料 no.15，黒島すみゑ，184 頁，傍線引用者),「悪阻も別に激しくもなく，無事に女の児を産むことができまして<u>家内中それは大喜びでございます</u>。姑も何かと労つてくれ，毎日子守に見え，いろいろと着物のことなどに心を配ってくれます」(資料 no.16，森とみ子，87 頁，傍線引用者),「『<u>白金も黄金も玉も何かせんまされる宝子に若かめやも</u>』本当にさうです。かく申す私も，結婚生活十八年目に<u>初めて得た愛し子を宝とも生命ともして，毎日の成長を楽しんでゐる一人</u>でございます」(資料 no.20，水谷つね子，241 頁，

傍線引用者），かうして毎日可愛い子どもの顔を見て，楽しく暮らすことの出来るのも，全く下田先生（鍼灸師）のお陰でございます」（資料 no.23，服部ハナ子，260 頁，傍線，カッコ内引用者）。不妊後の出産体験記事には，読者の子どもの写真が掲載されているものがあり，女児も複数掲載されている。女児の一人っ子であることが明らかな資料 no.22 の角田カヨの記事にも，一人娘の写真が掲載されている。男児ではなくても，子どもをもてた親の喜び，また，女児の祖父母もとても喜ぶ様子が充分に記事に表われている。

　不妊に関しては「石女（うまずめ）」（資料 no.16，83 頁）といった言葉が用いられるなど，偏見が存在していたことがわかる。「姑は『子を産まぬ女は女としての資格がない。それは先祖がきつと悪いことをしてゐるから，神様の罰があたつて，それで子宝を授けてくれないのだ（中略）。』などと，私に早く実家へ帰れとばかりに言ふのです」（資料 no.14，永井房野，289 頁）との記述もみられた。一方，「『子無きは去る。』などといふ道徳はないなどと思ひながらも，（後略）」（資料 no.16，森とみ子，86 頁），「（夫が）『嫁して三年児無きはさるなんて言つたことは疾の昔の道徳だ。なければないで，更に夫婦愛を増進させる工夫もあろうし，また他人の児を貰つてわが子同様に育てることもできるではないか。』と熱意を示されましたので，（後略）」（資料 no.17，田村恭子，86 頁，カッコ内筆者）との記述もみられる。分析対象ではないが，抽出した記事のなかには，子どもをもたない女性 6 名の座談会の会議録記事がみられた（「お子様の無い奥様ばかりの座談会」1934（昭和 9）年 6 月号，116-127 頁）。出席者の一人である大妻高等女学校長の大妻コタカは，そのなかで，「自然の授かり物ですから，ないといつて悲しまないで，何か自分にはほかに使命があるに違ひないとそれを見出してその使命に向ふのがほんたうではないかと思ひます」（126 頁）と述べている。

　「結婚後数年経ちましても夫婦の間に子宝の得られないほど寂しいことはございません」（資料 no.18，中田みどり，136 頁）といった理由から，子どもをもつことを切に望む。遂に生まれると，「実に子どもは家庭の花です。一人のことでこんなに変るものかと思はれるほどで，子供のない時分は家内の者が笑ふやうなこととてはめつたにありませんでしたが，今は毎日笑いのたえた日とてはありません」（資料 no.14，杉野みどり，293 頁）と表現されるように，家

庭が明るくなる。そのような記事がほとんどであった。

　不妊への偏見が強く，跡継ぎとしての男児が望まれる社会のなかで，新中間層においては，男女児の区別なく，産まれてきた子どもを心から喜ぶ傾向がみられることが明らかとなった。

　夫の職業を明記したものは少ないが，すべて俸給生活者であった。記述の内容からも，第一次産業に従事する者は含まれていないと考えられる。男児が誕生した際に「跡継ぎ」が出来たことを喜ぶ記述はみあたらない。また，昭和12年の日中戦争後は，前述のように「子だくさん」「健康優良児」の記事が目立つようになったが，男児選好の記事の増加は認められず，記述のなかに戦争の影響がみられる内容もみられなかった。「男児を出産してお国のために役立ちたい」という意識は，とくに新中間層の主婦の間では乏しかったことが示唆される。

6.『主婦之友』にみる戦前の出産とジェンダー

　戦前期の『主婦之友』における妊娠・出産・子育てに関する記事は，実用的，具体的なものが多く，新中間層の主婦にとって重要な情報源となっていたことがうかがえた。経済不況の時期には「妊娠調節」，戦時下に入ると「子だくさん」「健康な子ども」の記事が多くなるなど，社会・経済的背景を反映する傾向が強かった。

　そのなかで，医師などによる男女児の「産み分け法」に関する記事は，「男児」を産む方法が多く語られ，当時の社会規範を表わしていた。

　一方で，産み分けに成功した読者の体験記においては，男児ばかり，あるいは女児ばかりが続いたので異なる性別の子が欲しいというものが多かった。明確に「男児」のみを望んでいたのは2件のみであり，そのうち1件は，一人娘であるが自身の望む結婚をするために実家の後継者となる男児が欲しいというものであった。女児選好に関しては，女きょうだいをもたない娘が寂しそう，母親である読者が女どうしの相談相手が欲しいという理由であった。

　また，長期におよぶ不妊期間の後に妊娠・出産した読者の体験記事においては，男児を産んだ体験記が女児を上回り，記述内容からも，男児を尊ぶ当時の

社会規範が明らかになった。しかし，男児と変わりない様子で女児の出産を喜ぶ記述も多くみられ，家の後継者，将来の働き手としてよりも，家族の楽しみとしての子どもが誕生した喜びを語るものがほとんどであった。また，戦時下において国の戦い手として男児を望む傾向はみられなかった。

　以上，社会規範としては，依然として男児選好の傾向が残ってはいるが，新中間層においては，男女にかかわりなく子どもを望む意識があったことが明らかになった。

　すでに戦前期に男女にかかわりない出産の意識が芽生えていたことは示唆的である。第7章やコラムでも述べたように，我が国においてはいまだ女児・男児を区別して育てる傾向が強い。戦前期の男女児の子育てについて，さらに詳細に研究を進める必要があろう。

（『家政学原論研究』45号 pp.9-19所収）

コラム　子育て・家庭教育の視点

4. 好きこそものの上手なれ

　親はとくに初めての子どもには次々と何でも早く，上手にできることを望みます。ついついよその子と比べてしまいがちですが，子どもによって発達の度合いはまったく違います。乳幼児の発達は，大きな個人差がありますが，結局のところ，遅くても早くても到達点にそんなに大きな差はないのです。

　歩くことがそのよい例です。私の子どもの場合，1人目は平均的な1歳頃，2番目の子どもは1歳2か月頃になってようやく歩き出しました。3番目の子は歩き始めが早く，9か月頃でした。歩き始めが遅かった2番目の子は，幼稚園に入ると足が速くなり，中学校まで，運動会の花形でした。9か月で歩き始めた子は，むしろ走ることはがあまり得意ではなかったようです。同じ遺伝子を受け継ぐきょうだいでも，このように発育の仕方はそれぞれです。学習面も同じです。子どもにはそれぞれ，ある能力を習得するのに適した時期があります。就学前に人より早く数が数えられたり，文字が書けるようになっても，就学後に学校の成績がよくなるとは限りません。早くから難しいことを教えれば子どもの可能性が広がるという人もいますが，子どもによっては大きなストレスにつながりかねません。でも，親は出来る・出来ない，上手・下手で子どもを評価してしまいがちです。いつかは出来るようになるのだから，今出来なくても，出来るまで待つ心の余裕が，子育てには必要です。よその子やきょうだいと比べるのではなく，「以前と比べてこんなことができるようになった」とその子自身の成長を見守っていきたいものです。上手に出来るより，子どもがそれを「好き」になることの方が大切かもしれません。

　私の1人目の子は，物心ついたころから車が大好きで，自転車の私と一緒に，ひと駅先のスーパーまで幼児車に乗って買い物に行ったり，車の絵本やおもちゃでよく遊びました。車好きはその後も続きます。物理と数学が苦手だったにもかかわらず，サーキット近くの大学の工学部機械工学科にみごと合格して自動車部に入部，サーキットでアルバイトをして，現在はタイヤメーカーで働いています。幼いころ「好き」になった経験が人生を決めることもあるのです。子どもの「好き」を温かく見守り，伸ばすことが出来てよかったと思っています。

第10章
戦前期の母親の就労

　我が国では子育て期に女性の有業率が減少するが，先進諸国ではみられない傾向である。依然働く母親の状況が厳しいことを表している。大正期から終戦までの時期にも働く母親はいた。職業をもつ母親には一般社会からどのようなまなざしが向けられ，それに対し，母親自身はどのような意識をもって働いていたのか。本章では，戦前期の『主婦之友』を資料として，母親の就労に関する意識と実態について分析した。

1. 母親の職業と子育ての現状

　未就学の子どものいる女性の有業率は，平成19年実施の調査によると5年前と比較して増加している。しかし，末子年齢3歳未満の就業率は33％，3歳から5歳未満は52％と欧米と比較して低く，年齢階級別の女性の有業率は依然M字カーブを描いている（総務省2008）。新しい少子化対策である「子ども・子育てビジョン」においては，「生活と仕事と子育ての調和」が大きな柱の一つとされ，M字カーブの解消を謳っている。具体的な数値目標として，第1子出産前後の女性の継続就業率の現状38％を2014年には55％に増加させるとしている（内閣府2011）。離婚による母子家庭の低所得層の拡大，雇用の不安定化が問題となる現在，経済的リスク回避のためにも母親の就労継続が求められている。

　一方，2008年に行われた家庭動向調査では，低下傾向がみられていた「夫は外で働き，妻は主婦業に専念」に賛成する妻が増加に転じ45％となった。とくに20歳代は2003年調査より12.2ポイントの大幅増となっている（国立社会保障・人口問題研究所2009）。経済不況下において非正規労働が増えるととも

に，正規雇用でも長時間労働で疲弊する現状があり，「主婦になって子育てに専念した方が楽」との見方が強まっていると考えられる。また，日本の母親はとくに「専業主婦であることは働くことと同じくらい充実している」という考え方への支持が強いことも指摘されている（白波瀬 2005）。ベネッセによる子育て生活基本調査の経時変化をみると，「子育ても大事だが，自分の生き方も大切にしたい」と回答する割合が，1997 年から 2008 年の 11 年間で 20％近く減少し，自分を犠牲にして子育てを優先しようとする傾向が高まっている。

　幼児期は母親が子育てに専念すべきという意識形成には，一般に自身の母親の就労状況が重要な意味をもつとされているが，子育て期に女性の有業率が減少する傾向は先進諸国のなかでは特異な状況である。戦前より続く母親規範の残滓が日本社会のなかで払拭されていないことも事実であり，母親の意識に何らかの影響を及ぼしていると考えられる。母親の職業と子育てに関する戦前期からの変遷を整理することが必要であろう

　明治後期に『東洋時論』に掲載された評論「女子職業熱の勃興」は，「女子職業と家庭」について，「女子を育児の道具，台所のお三，留守番」と見なすのではなく，「家庭と職業と調和せしむべきである」と述べる。しかし，東京市社会局の調査では，教師以外の職種の有配偶者の割合は，タイピスト 7.7％，事務員 9％，店員 3％，看護婦 5％，交換手 2％と低い。村上信彦はその理由として，「家事と就職の両立」以上に，「妻を働かせることは家の体面にかかわる」との「強固な家制度の観念」が大きな障害となったと述べている（村上 1983）。このような社会通念のなかで，実際に働きながら子育てを行っていた母親はどのような意識をもち，社会との折り合いをつけていたのだろうか。「職業婦人」に関する研究，女性解放論者などの思想に関する論考は多い。また，戦前期の特定地域における託児所，児童施設の研究も少数ながらみられる（韓 2008，松本 2008）。さらに，村上はアンケートの自由回答，聞きとり調査，手記や懐古談などから当時の職業婦人の実態を明らかにしているが，職業をもつ母親のとくに意識に焦点をあてた研究はみられない。

　本章では，大正期から終戦までの時期，職業をもつ母親には一般社会からどのようなまなざしが向けられ，それに対し，母親自身はどのような意識をもって働いていたのか，大衆婦人雑誌『主婦之友』の分析から明らかにしたい。

2. 母性保護論争と良妻賢母主義の変遷

　女性の就業者数は，1890年代から1900年代に徐々に増加し始め，1910年以降「職業婦人」という語が一般化し，社会調査の実施や女性向け職業案内誌が発行された。1925年に名古屋で1,190名の職業婦人を対象に行われた調査によると，職業婦人の配偶関係は，未婚者83.9％，有配偶者12.4％，離婚者1.9％，寡婦1.3％，不詳0.4％となっている（林ほか2005）。1904年から翌年までの日露戦争後，高等女学校進学の広がりとこれらの人々の生活難の問題から，職業への関心が高まった。初期社会主義者である堺利彦，福田栄子は，女性を子どもを産む性として尊重しながらも，職業生活や社会での男女平等を説いている。一方で，女子教育者の下田歌子は，中流以上の女性の天職としての家庭への奉仕を求め，「家事天職論」を推進した（永原1987）。

　その後1918年から翌年にかけて，『婦人公論』『太陽』などの雑誌を舞台に，与謝野晶子，平塚らいてう，山川菊栄らによって「母性保護論争」が展開されたことはよく知られている。「女子の徹底した独立」を主張する与謝野が「経済上の保証がない間は結婚及び分娩を避けるべき」とするのに対し，エレン・ケイの思想に共鳴していた平塚は母性の国家的価値を強調し「子供を産みかつ育てる母の仕事に経済的価値」を認めよと反論した（伊藤2004）。与謝野は1918年に『横浜貿易新報』に寄せた「労働と婦人」のなかで，女性が妻・母としてのみならず，仕事をもって生きることは当然であり，「夫婦共稼ぎ」によって真の理想的結婚が得られる。また，男女が相互に経済的独立を確保すれば，「愛と教養のある労働的なやさしい聡明な母によって子どもが育っていく」と述べている（香内1984）。

　次に，既婚女性の就労と深くかかわる良妻賢母主義思想の変遷について概観したい。1894〜1895年の日清戦争後の良妻賢母論は，それまでの従順さだけでなく，近代的性別役割分業観にのっとった上で，「妻」「母」として家庭内ではたす役割をとおして国家に貢献する国民として女性を捉えるものであった。大正期には，「新中間層」が拡大し，その妻が「主婦」となると，新中間層の「主婦」に正当性を与える思想として，新たな良妻賢母思想が存在した。さらに，1914年に勃発した第一次世界大戦を契機に，「良妻賢母」という生き方を

前提にしつつも家庭内の役割に限定されることなく，女子の能力を社会的，国家的に活かすことのできる女性が必要とされるようになる。欧米諸国との対抗上，「職業」において社会的活動を遂行することが期待され始め，高等教育を実施して女子の知的能力を開発することが主張された（小山 1991）。

このような良妻賢母主義思想における理念は，どのように当時の社会通念，既婚女性・母親の就労とかかわるのだろうか。

3. 分析資料『主婦之友』について

分析資料の『主婦之友』の概要については，第 9 章 2（91 ページ）を参照されたい。

創刊の 1917（大正 6）年から 1925（昭和 14）年にかけて『主婦之友』に掲載された 114 世帯の家計記事に登場する職業を調査した結果をみると，夫の職業は専門職（教員，医師など）24.3％，会社員 18.1％，官吏・軍人 21.5％，販売・職工 9.1％，自営業・農業は 10.5％であった。また，妻の職業は 59.7％が無職，専門職（産婆，看護婦など）11.1％，事務・販売・職工 9.1％，自営業・農業 15.9％，内職 9％であった（木村 1989）。すなわち，6 割が新中間層といわれる世帯であり，2 割が「職業婦人」である。一方，学校教育の普及から活字リテラシーをもつ女性が増加したこと，新中間層の家庭生活が羨望をもって捉えられたことなどが影響し，大正後期から昭和にかけては，より貧しい層の女性にまで読者が広がった（村瀬 2009）。発行部数は，創刊時の 1 万部から，1927 年に約 20 万部，1929 年約 43 万部，1931 年約 60 万部，1943 年には最大部数 163 万 8800 部に達したとされる（永峰 1997，主婦之友社ホームページ）。1925 年の東京市の教師やタイピストなど職業婦人に関する調査によると，職業婦人の 84.9％は雑誌を購読しており，購読率のもっとも高い雑誌は『婦人公論』（21.8％）であった。『主婦之友』は『婦女界』に次ぎ第 3 位である（東京市役所 1934）。『婦人公論』が比較的学歴の高い婦人層により好まれていたのに対し，『主婦之友』は中流以下の主婦に焦点をしぼり，一般男性にも比較的好意的に受け入れられていたとされる（木村 2010）。

『主婦之友』の中心的読者であり，編集の照準とされた新中間層は，国民の 1

割にも満たない。しかし，彼らは両親と同居しない「核家族」の形態をとることが多く，夫が家庭の外で職業労働に，妻が専業主婦として家事労働に従事するという近代的な性別役割分業が認められる点で「近代家族」の概念が実体化された階層であり，戦後の家族観にも少なからず影響を及ぼしたと考えられる（南 1965）。また，新たに形成されつつあった近代都市文化の中心的な担い手として，その生活は当該期の人々のモデルとされた（佐藤 2011）。

4. 記事の抽出と分析の方法

創刊（1917年）から第二次世界大戦終了（1945年）までの29年間を分析対象時期とする。創刊号（1917年2月）から1945年12月号まですべての号を対象とした。29年間を，① 1917～1926年の大正期，② 1927年～1936年の昭和初期，③ 1937年～1945年の戦時期に時代区分した。①の大正期は，自由主義・民主主義的風潮が高まり，「女性問題」として，男女の不平等が意識され始めた時期である。日露戦争後は女性の職域が広がり「職業婦人」という言葉が定着した。②の昭和初期は，恐慌の影響で失業者が増加，都市部での生活が困難になると同時に，東北・北海道の凶作などの影響から農村部でも困窮が深まる。③の戦時期は，1937年の日中戦争から1941年太平洋戦争へ，社会全体が軍国主義化していく。国民総動員法の下，家庭生活も戦争の影響を強く受ける。

次に，女性が職業をもち働くことを扱った記事を抽出した。記事の抽出には，すべての号の目次の中から，記事見出しに，「職業」「職場」「共稼ぎ」「働く」「勤める」を含む記事を抜き出した。そのなかから，グラビア記事，芸能関係・医師など特殊な職業のみを取り扱った記事，賞を獲得した職業婦人など特殊な事例を扱った記事は除いた。対象とした記事には，職業観が語られた啓蒙的記事，読者の体験記事，記者による取材記事，座談会が含まれる。分析対象とした啓蒙的記事，座談会記事計 21（大正期 11，昭和初期 7，戦時期 3）件より①既婚女性の就労に対する見方について，さらに，読者の体験記事，座談会に登場する母親 23（大正期 7，昭和初期 6，戦時期 10）名の事例から②職業をもちながら子育てをする母親の意識と実態を抽出し，戦前期の社会状況との関

連を考察した。

5.『主婦之友』にみる「働く女性」

はじめに，分析の対象としなかった記事も含め，『主婦之友』の時代区分ごとの「働く女性」に関する記事全体の特徴を概観したい。

大正期，1923（大正12）年の4月から9月にかけて，「職業に働く婦人」と題したグラビア写真が掲載されている。郵便局員を皮切りに，タイピスト，鉄道局，製菓会社，製薬会社，電話局で働く女性たちが取り上げられ巻頭を飾った。同年6月から9月には，4回の「職業婦人の生活日記」に各々3名の職業婦人の生活が紹介された。女優，声楽家，舞踊家など，芸能関係が多い。翌1923（大正13）年には，「職業の草分け物語」が5回にわたり連載され，女性の職業における先駆者たちが紹介されている。その職種は，婦人記者，女医，女優，タイピスト，音楽家である。一方で，「職業を求むる婦人の唯一の手引き　現代の婦人職業と就職案内」（8巻4月号1924年220-244頁），「全国職業紹介所案内」（10巻1月号1926年185 – 187頁）など，一般女性が職業を探すための実用記事も現れる。1920年代中期，大正末期は，第一次世界大戦後の反動不況に1923年の震災恐慌も加わり，都市部の人々の生活が困難に陥り始めた時期である。こうした実用記事の出現は，家計救済のための女性の就労に人々の関心が集まりだしたことが影響しているのだろう。

昭和に入ると，昭和恐慌により困窮した家計を支えるための「副業」「内職」に関する記事が増加する。1927（昭和2）年には，「小資本で出来る女の商売十種」として「其一」から「其十」までが5月号と11月号を除く号で連載された。その後も1930年代の半ばまでほぼ毎号に内職，副業に関する記事が登場している。国勢調査によると，1930年からの「昭和恐慌」などの全国的な不況期に，女性の労働率は低下しており（経済企画庁1997），女性が苦しい家計を支えるためには，雇用者として職業をもつよりも，内職や副業が近道だったことを示唆している。内職は手芸や仕立物，袋はり，鳥類・犬・羊などの動物の飼育，副業は飲食店やパンの製造販売，釣り堀，行商，華道の師範，下宿屋など多岐にわたっている。昭和初期の記事に多く上がった女性の職業は，女工，

店員，女給，教員など，家計を助ける目的の濃い職種であった（「男代わりで働く職業婦人の家計」17巻8月号1933年325 - 337頁）。

　戦時下に入ると，女性は，戦地に駆り出される男性に代わって一人で家計を支えることになる。再び女性の就労への関心が高まり，就職案内記事が復活する（「東京大阪婦人の職業と就職案内」20巻2月号1936年408頁）。さらに，1943年の「女子挺身勤労令」などにより，男性の労働力不足を補うために製造業などにも女性が動員された。全体の記事数減少に伴い，女性の職業に関する記事が少なくなるなかで，働く母親をテーマとした記事が複数みられた。

6.『主婦之友』にみる既婚女性の就労に対する社会通念

　現代では，結婚後も職業をつづけ，出産を機に退職することが一般的である。しかし，戦前の働く女性の多くは未婚者であり，結婚を機に退職した。したがって母親の就労に言及する記事は極めて少ない。また，当時の女性の結婚は子を産み育てることが前提であり，「既婚女性の就労に関する見方」を明らかにすることは，「母親の就労に関する見方」を明らかにすることにつながると考えた。現に，既婚女性の就労に関する記事には，「出産」に関する内容もみられる。そこでここでは，母親に限らず，既婚女性が職業をもつことへの見方を析出し，仕事と家事・育児の両立に関する社会通念を探った。

　表10-1に分析対象とした21の記事の筆者・筆者の肩書・記事見出し，および記事中の記述にみられた女性が職業をもつ意味と既婚女性の就労に関する記述の有無を示した。女性が職業をもつ意味は，文中の文言をそのまま抽出した。大きく結婚するまでの修養と，経済的意義に分かれる。

　大正期，女性が職業をもつ意義は，11件中4件が経済的意義（資料no.1・2・6・7），結婚までの修養は2件（資料no.3・9）である。また，女性が職業をもつことに反対の立場をとる記事が2件（資料no.5・11）あった。山脇は，「従来よりは家内の仕事が少なくなつたのに，まだ家庭のうちに蟄居している」主婦を批判するが，「職業の中には家庭生活と両立するものとしないものとがあるから」選択の必要があると述べる（資料no.2：7 - 8頁）。

　二木は，女性が職業をもつことは，「子供の生れる率が低くなつた」り，「不

表 10-1 戦前期『主婦之友』における

no.	年	号	頁	筆者	肩書	記事見出し
1	1918	3月	2-4	渋沢栄一	男爵	職業に従事する婦人への注意
2	1918	3月	5-8	山脇玄	貴族院議員	職業を有たぬ婦人は不幸なり
3	1918	3月	9-15	棟居喜久馬	元逓信省電気局長	職業に成功する婦人と失敗する婦人
4	1918	3月	14-37	嘉悦孝子	日本女子商業学校学監	外に勤むる若き婦人の覚悟
5	1918	3月	38-40	二木謙二	東京医科大学教授	健康上からみたる婦人職業問題
6	1919	3月	5-9	佐々木吉三郎	東京高等師範学校教授	今後の婦人と職業的教育の必要
7	1924	6月	4-11	河合道子	女子青年会総幹事	職業婦人の自覚と修養
8	1924	10月	12-17	市川房江		米国における婦人の職業と結婚
9	1925	4月	28-33	三宅やす子		職業と結婚問題に悩める若き婦人へ
10	1926	4月	32-36	石川武美	主婦之友社社長	職業に働く婦人への註文十カ条
11	1926	4月	164-171		記者	職業婦人を妻に持つ男子の偽りなき告白
12	1932	3月	296-306	稲宮又吉他5名	第一生命保険相互会社他	職業を求むる婦人の心得座談会
13	1933	2月	234-244	馬場道子他8名	電話交換手・小学校教諭他	職業婦人の座談会
14	1933	4月	132-134	諸岡存	医学博士	女学校を出たら職業婦人になれ
15	1933	4月	138-143	藤倉傳三郎	上野松坂屋人事部長	職業を持ちながら婚期を待つ娘の躾方
16	1934	3月	328-330	小関まき子	帝国生命事務員母堂	職業婦人として働かせる娘の教育法
17	1934	9月	330	岩崎直子	産婆	職業を持つ婦人の安産の心得
18	1934	10月	100-109	丹羽一郎他	上野松坂屋人事係長他	職業婦人の結婚を語る座談会
19	1940	5月	82-84	豊原又男	前東京市職業紹介所長 厚生省職業部嘱託	職場は結婚生活の基礎
20	1940	5月	85-86	大濱英子	早大教授大濱信泉氏夫人 人事調停委員	家庭と職場を両立させる道
21	1940	5月	87-89	河上末子	代議士河上丈太郎氏夫人 愛宕英語学校校長	働く母は子供をどう教育すべきか

女性の職業に関する啓蒙記事

女性が職業をもつ意味	既婚女性就労言及の有無
一家の収入を増す 男女各々が自分々々の長所を発揮して相助け合う	
無理な我慢をして嫁いだ先にとどまる，夫に先立たれて子どもを抱え親戚に頼ることなく経済的自立	
将来家庭をもち一家を処理する上で大なる助け 自己修養	○
（記述なし）	
（女子の天職は子女を産みこれを養育していくこと）	○
いざといふとき生活の基礎が自らの身に貯へられてあれば，事なきときも心を安んじてゐられます	
一家の経済を背負って立つ，自らの生活費を得る	
（記述なし）	○
結婚相手が見つかるまでの社会的修養	
（記述なし）	○
（自己の虚栄の満足のために職業婦人となられる人の少なくないのを，残念に思ひます）	○
学校を出て結婚するまでの間に，先ず世の中を見ておく	○
仕事を通して社会に奉仕	○
職業は自分一身の修養のため 男を見る目が高くなる	
自分自身の有り難い修業の期間	
収入より修業	
（記述なし）	○
立派なお嫁さんを作る準備教育 家庭にゐてはできない良い修養	
先々にいつて役にたつ 外に出てみれば働くものの苦労はよく解ります	○
経済的に働く必要のあるなしに拘わらず，非常時局は家庭婦人の，進んで働きに出ることを求めてをります	○
母はやつぱり自分のことを一番考へてくれる人だといふ事を，母の有り難さを，子どもに知らせるよい足場になる	○

妊症」を引き起こすので,「女子の天職を障害せぬ」ことが大切と説く（資料no.5）。市川は,米国の状況について,職業婦人の数・職種が増えたが既婚者が少なく,子育てと職業の両立が困難なことを指摘している（資料no.8）。石川は,「将来立派に婦人の職業を開拓して行つて欲しい」との期待をもちながらも,「自分は家庭の責任者であるといふことを,忘れずに働いて欲しい」「職業に成功しましても,家庭を忘れ,足元を忘れて,大切な家庭を荒らすやうなことがあれば,それは恐ろしいことだ」と述べる（資料no.10）。妻が働く夫の手記では,世話女房は望まないが「日曜日の夕食の膳くらゐは,妻の心づくしの手料理の一品だけでも並べて欲しい」との記述がみられる（資料no.11）。大正期は,女性の職業に社会的注目が向けられた時期である。グラビアなどでは「職業婦人」を華やかに扱っている。またこの時期,離婚,あるいは病気などで稼ぎ手を失うリスクが今よりも高かった（臼井 2008）。経済的自立を推奨する記事が多い一方で,やむを得ない理由以外で既婚女性が職業をもつことについては,総じて批判的な見方がされていた。

　昭和初期は,7件中5件が女学校卒業後の進路として職業をもつことを勧める（資料no.12・14・15・16・18）。資料no.13の座談会では,「仕事を通して,社会に奉仕するだけの意気がなくては」ならないが,職業と家庭に関しては「どちらを蔑にしていいといふことがないだけに両立は難しい」と語られる（資料no.13：244頁）。資料no.12の座談会でも,「あてにならない人」では困るが「家庭を持つとその点が難しく,自然成績が悪くなります」と語られている（資料no.12：305頁）。家庭をもつ職業婦人を容認する記事は,産婆である岩崎による「安産の心得」のみであり,健康保険法の産前産後休暇について述べられている（資料no.17：230）。昭和初期は,女性の就学率が上昇し,卒業後に就業する女性も増大した。前述のように,不安定な家計を支えるためにも,「これからは職業婦人になつて,世間を良く見てゐる娘さんの方が,家庭からすぐのお嬢さんよりも,お嫁さんとして歓迎される」（資料no.18：104頁）との見方が大勢だった。しかし,結婚を機に退職することが前提であり,既婚女性の就労にはやはり批判的である。

　戦時下においては,職業の意義は経済上,結婚までの修養のいずれにもあてはまらなくなる。職業婦人の啓蒙記事は,「時変下に働く婦人の問題」との特

集記事のみであった（資料 no.19・20・21）。そのなかには，戦時体制下で働かざるを得ない女性の状況が示唆されている。後述の事例であげる「藤倉工業勤務」の2名の肩書は，「産業戦士」（「働く若い母が育児の苦心を語る座談会」28 巻 12 月号 1942 年 178 頁）とされている。「よほど根強い夫婦お互いの理解と協力」，「家族の援助」「勤め先の理解」の「三拍子」が必要（資料 no.20：85 頁）と，働く母親に必要な支援が述べられている。しかし，家庭に優先順位を置くことには変化はなく，「たとひ外に出て働いても，妻の気持はいつも家庭中心でなければならない」（資料 no.20：85 頁）としている。子育てに関しては，「あくまでも，母は立派な仕事をしてゐる，働くといふことは貴いといふ気持を知らず識らずのうちに（子どもに）吹き込むのは，一に母の態度如何である」のように，母親が働くことを肯定的に捉える記述がみられる（資料 no.20：88 頁，カッコ内は筆者による）。

大正期には，社会における潮流にのって，「職業婦人」をグラビアや特集記事などで大きく取り上げる。記事の一部には，一家の柱である男性の働き手を失うこと，またはそのリスクに備えて，経済的自立をすることを肯定するものがみられた。しかしその一方で，女性の家庭責任を強調する傾向にあった。女性の進学率が増加し，実際に職業婦人の数が増加した昭和初期は，「女が職を持って働くことが，何か女の道に外れ，女らしくない不当な行為で，ひいては結婚にふさわしくない」（湯沢 2010）との見方はなくなっていく。しかし，仕事をもつことはあくまでも結婚までの修養であり，家庭との両立には批判的である。前述のように，昭和初期には，職業紹介よりむしろ，家庭のなか，あるいは隣接した場所で行える内職や副業の紹介が多かった。昭和に入っても既婚女性の就労には批判的だったといってよい。国家が女性の労働力を必要とした戦時下は，一転して既婚女性の就労が奨励される。岩見照代は，戦争は「職業婦人／家庭婦人」という強固な境界をいとも簡単にまたいでしまった，という（岩見 2011）。このように，『主婦之友』からみる戦前の既婚女性の就労に対する社会通念は，働き手である男性の諸事情により生活困窮に陥る，あるいは戦争で女性の労働力が必要となる非常時のみであり，平時の女性のあるべき姿は職業婦人と家庭婦人の両立ではなく，「家庭婦人」であった。

前述のように，日露戦争後の社会主義論者により男女の平等，また，大正期

の女性解放論において女性の経済自立の必要性が説かれた。さらに，前述の良妻賢母思想では，第一次世界大戦後にはすでに，女性の職業を期待する良妻賢母思想が存在したとされるが，社会思想における理念と社会通念にはかい離があることがわかる。

7．『主婦之友』にみる母親の就労

　表 10-2 に 23 名の子どもを育てながら職業をもち働く母親の事例を示した。記事から明確になる範囲で，名前，職業，夫の職業，子どもの預け先，働く理由，職場・子育ての状況についてあげている。記述中に示されていない場合は空欄とした。「子育てをしながら働くことに対する意識」については，近い意味をもつ表現を記述中からそのまま抽出した。

　大正期の 7 名はすべて本人の体験記による。資料 no.22-24 は「さまざまな困難と闘ひ職業に成功した婦人の経験」，資料 no.26 は「職業婦人の悲痛なる叫び」，no.27 は「各種職業婦人の収入と職を得るまでの経験」，資料 no.28 は「夫婦共稼ぎで築いた愛の生活」と題する記事の中の複数の体験記の一つとして収録されていたものである。資料 no.26 は職場での男女不平等に対する不満を切々と語る手記である。それ以外の 6 名は，いずれも家事育児と職業の両立は苦労が多いが，姑や実父，実母，あるいは使用人の助けを借りながら，働くことが現在の幸せにつながっているとの内容である。

　昭和初期の資料 no.28 から no.32 までの 5 名が出席する座談会は，挿絵や語り口調は明るい雰囲気で，中見出しも「心掛次第で案外楽なもの」とされている。大正期が苦労話ばかりであったのに比較すると悲壮感はほとんど感じられない。職業を続けている理由は語られないが，「いろいろの意味で，子どものあるといふことによつて，どんなにか励まされ，不満も打ち消されてまゐります」（資料 no.31：261 頁）とあり，仕事と子育ての両立に生きがいを感じる様子がうかがえる。ほかの母親も同様の体験を語っている。資料 no.33・34 は，「夫婦共稼ぎの家計の実験」に収録されていた体験記であり，詳細な家計の記録が掲載されている。資料 no.33 の託児費は夫と妻の収入合計の 16.4％でかなり高額だが，社宅の住居費が低い。働いているので貯金もでき，幸せに暮らせて

いると語る（資料 no.33：310 頁）。No.34 の教員は，収入が前述の工員の倍近くの 78 円（夫は 60 円）である。自身の給料が多いにもかかわらず夫や子どもへの感謝の気持ちを綴っており，家計診断のコメントには「良人を立ててゐられる奥様の態度を嬉しく思ひました」とあった（資料 no.34：319 頁）。

戦時期，1940 年 4 月号の座談会では，「仕事を持っていると，心が緊張してゐるから自然体が丈夫になります。（中略）忙しいと，そんなこと（不平など）を考へる余裕もなく，一日を秩序正しく，愉快に過ごすことができます」と語られる（大塚一心「職業婦人の打ち明け座談会」1940 年 12 月号：308 頁）。また，教師である氏井かつ子は，長男が 6 千人の中から健康優良児に選ばれた。彼女は，働いていたことがかえってよい結果をうんだと語っている（資料 no.37：332 頁）。1942 年 12 月号の座談会では「乳児の託児所を」の中見出しで，託児所の必要性が語られている。この座談会には医師も参加して，働きながらの子育てのノウハウについて，より具体的，詳細に述べていることからも，大正期よりも職業をもち働く母親が肯定的に捉えられるようになったことを示唆している。

大正期には苦労の経験談がみられたが，職場を辞めたいという内容は皆無であった。昭和初期には，前述のように女性が職業をもつことは結婚するまでの修養であり，家庭との両立は困難とする見方が強かったが，職業をもち働く母親を肯定的に捉える体験記事も同時に掲載されていた。昭和期の母親は，仕事とのメリハリをつけ，子育てを大切に考える意識が表れていた。戦時期にはさらに，働くことが子育てに，子育てが仕事にプラスに働くとの意識も加わり，働くことをより肯定的にみる傾向があった。

職業をもち働く母親は，「姑」「実父」「実母」からの支援，「女中」「子守」を雇うほか，企業内託児所に子どもを預けるケースもみられた。夫からの支援は語られず，むしろ夫の身の回りの世話を出来ないことを後ろめたく思う記述がみられた（資料 no.34：319 頁）。子どもとの時間を大切にする語りが随所にみられた。しかし，時代をとおして，いずれの母親も，家事との両立の苦労，子どもと一緒にいられない後ろめたさはあるが，職業を持つことをいわば誇りに思い，職業を続けられることを幸せに考えていた。

次に，村上信彦による調査，および筑豊，世田谷，木更津で行われた年長女

表 10-2 戦前期『主婦之友』における

no.	年	号	頁	名前	職業（本人） 職業（夫）	働く理由 子ども預け先
22	1919	5月	30-32	三人の母	事務員 無職	夫が病気で退職 病気の夫
23	1919	5月	32-34	みさを子	女学校教師 会社支配人	実家の家計の助け 女中
24	1919	5月	35-37	ふみ子	産婆	夫の病気がきっかけ 姑
25	1919	5月	48-55	富貴子	画家・記者 （離婚）	夫と離婚 実父
26	1921	6月	24-26	香都子	小学校教師 教師	 子守
27	1923	3月	188-189	富田久子	写真師 銀行勤務	
28	1925	5月	102-104	長田しのぶ	小学校教師 小学校教師	子女の教育費・恩給 実母
29	1930	5月	254-264	富本芳子	逓信省貯金局	 実母
30	1930	5月	254-264	大塚一心	小学校教師	 実母
31	1930	5月	254-264	春日松枝	白木屋店員	 女中
32	1930	5月	254-264	桜井キヨ子	高等女学校教師	 女中
33	1931	1月	308-310	大原亀子	紡績職工 紡績職工	 会社の託児所
34	1931	1月	317-319	渡瀬かず子	小学校教師 小学校教師	夫婦が極力奮闘すべき 子守の婆や（同居）
35	1940	4月	308-315	メイ・牛山	美容院主 （死亡）	普通の奥さんはつまらない 婆や・幼稚園
36	1940	4月	308-315	酒井弘子	産婦人科医 医師	働くことはよろこび 看護婦

子育てをしながら働く女性の事例

子育てしながら働くことに対する意識	職場・子育ての状況
主婦が他に職を求めると家庭が淋しくなるといふことですが，それも主婦の心がけ一つでどうにでもなる	三人の子供
何も不都合なことはありません　楽しみの中に忙しき用事に，堪へ得る健康を与へられたことを神に感謝しつつ働いています	校長の支援あり　授乳は学校で行う　子どもは現在4歳と1歳
（仕事を続けるうえで）苦しい思ひを致しました（今の仕事につかなかったことを）想像してみるだけでも恐ろしい	子連れで寄宿舎に入り資格取得　子ども4人（現在18・14・10・4歳）
私の与へられた天職と信じ，忠実に真剣にそれに仕へてゐた（家事と子育てをする）父の気の毒な有様	二人の子供
小学校の教師間にも不公平な男尊女卑的の偏見が最も露骨に発揮されている	職場の理解がない
ほかの女性には，とてもわからない愉快な思いもするけれど，（中略）身も心も普通女性の一倍働かねばならぬ	
良人の収入で生活しえないのではありませんが，小額ながらも，それが子女の教育費の一部になる楽しさ	長男・長女・次女の3人の子ども
昼間は公人として家の事は考えず，帰れば仕事のことは一切忘れて一日分の愛を注いでやる（こうすれば）割に楽	
（子どもが病気をしても校長が）いろいろ便宜を与へてくださいますから，たいして心配したこともございません	子供二人，一人は死産
いろいろの意味で，子供のあるといふことによって，どんなにかはげまされ，不満も打ち消されてまゐります	上司の理解　職場で授乳　（主人が）私のする仕事をよく手伝ってくれる
昼は学校の体，夜は完全に母親といふことに考へて，勤務中は決して心配しないことにしてをります	学校の近くに転居　職場で授乳
大した不自由も感ぜず，会社に働くお陰で，すべての物を安く手に入れ，（中略）わが身の幸を感謝	託児費10.5円　食後家内揃ってラヂオを聴くのを，一日の楽しみ
最も感謝してゐますことは，恵まれた健康，私に対する夫の理解　私を強く歩ましてくれる者は長男	子守給料6円　夫単身赴任
女が働いてゐますと，食事の事はたいてい女中任せ（中略）私はこの点に注意して，自分でやつてをります	
何事も夫を立てるやうにする　辛いと思うのは子供のこと　家事の整理は普通の奥さんと変わりません	

表 10-2　戦前期『主婦之友』における

37	1941	2月	332-335	氏井かつ子	小学校教師		
					教職		姑
38	1942	12月	178-183	伊藤和子	藤倉工業勤務		
							企業内託児所
39	1942	12月	178-183	倉田フミ子	藤倉工業勤務		
							企業内託児所
40	1942	12月	178-183	山本きわ子	事務員		
							女中
41	1942	12月	178-183	松本とも子	栄養士		
							勤め先近くの奥様
42	1942	12月	178-183	穴見茂子	事務員		
							姑
43	1942	12月	178-183	平野婦美子	教員		
							親類のお婆ちゃん
44	1944	1月	154-157	寺尾義子	工員・青年学校教師		
					（死亡）		実母

註）23 名のうち 12 名は座談会出席者である。座談会のテーマは以下の通り。
資料 no.29-32：「職業を持つお母様の育児に就ての座談会」
資料 no.35-36：「職業婦人の打ち明け座談会」（5 名出席であるが，2 名は未婚，1 名は上記の座談会の出席者）
資料 no.38-43：「働く若い母が育児の苦心を語る座談会」（司会者は産院院長・斎藤文雄）

性への聞書きを援用し，『主婦之友』からみた働く母親の現状を補足したい。以下にその事例を示す。

　村上信彦は『大正期の職業婦人』に職業別で聞き書の複数の事例をあげているが，多くは結婚，出産を機に退職をしている。美容師の真野房子（子ども 4 人）は，「好きだからやめる気になれなかった」し，夫の収入がないときに「仕事を持っていることの有難さを痛感」した，と述べている（村上 1983）。

　年長女性への聞き書による女性史（いずれも昭和戦前期の追想）をみると，昭和初期に結婚・出産した原たつ子（子ども 4 人）は「主人はやめろとも言わないし，私も辞めると言わない。教員を続けたいと思っていたからね」と述べる（原 1998）。助産師の嶋野ミツエ（子ども 5 人）は「自分の仕事をきめたら途

子育てをしながら働く女性の事例（つづき）

働いてゐるために，却てよい影響があつたと思はれる　日常生活が規律正しくなる　いつも緊張した気分ですごす	息子が六千人の中から優良賞を獲得
（企業内託児所に預ける）今の境涯をほんたうに有り難いと思ふ	
子供のためにも自分の体に気をつけねばならないと始終思つております	
勤めてをりますと，休息の時間というものはぜんぜんありません。それで疲れるとは思はないのですけれど	
（子供の病気のとき）一度は自分の職場を擲つても子供に専念しなければならないかと思ひましたが	
	職場で授乳（働くお母さんも大分増えてきたので，大分ゆるやかになつてきました）
（子供を育てていると）人様の子が余計に粗末にできないと思ひます	学校近くに転居　職場で授乳
「努力」一つで出来ぬことはないといふ自信を得まして，生きることができ，毎日を有り難く働かせて頂いてをります	三人の子を一人ずつ親類に預け資格取得 収入六十圓

中でやめない。できるところまでやりたいとおもいました」と述べている（嶋野2000）。同じ助産師の宇野美代（子ども3人）は「夫は私が忙しかったら，皿も洗い，料理も作ってくれるような人でしたから，仕事が続けられたのだと思います」（宇野1987）という。原は女中，嶋野は夫の仕事の弟子や子守の支援を受けていた。嶋野は留守中に次男が怪我をしたことを悔いていた。いずれも職業を続けたことを誇りに思っていた。このように，仕事と子育てとを両立した女性は，ほかの資料においても，『主婦之友』における事例と同様に，職業を続けることができたことに満足する例が多い。

8. 戦前の働く母親の意識と実態

前述のように、戦前の『主婦之友』の記事からは、大正期、昭和初期には既婚女性の就労を批判する見方が大勢であった。それでは、そのような社会通念のなかで、以上あげた働く母親はなぜ仕事を続け、働く喜びを語るのだろうか。西川祐子のいう「家」制度と「家庭」制度による二重の家族制度（西川 1994）におかれた働く母親は、「家」と「家庭」の桎梏から逃れられず、職業を継続しながら家庭をまもることが自らの務めであり、それを自分に言い聞かすように、苦しい職業生活を肯定していたともみえる。しかし、実際はむしろ『主婦之友』など婦人雑誌に描かれた「新しい家庭」を築く先駆者としての誇りをもっていたのではないか。家産なしに出発する「家庭」の基盤は弱く、不況による失業、戦争による災害の度に崩壊し、「家」を頼った（西川 1994）。しかし、妻の収入は「家庭」の安定と幸福をもたらした。複数の記事から、収入が増えることにより生活が安定し、趣味や子どもの教育にあてることができるとの記述がみられる。2点目に、戦前の非制度的な家事・育児支援のあり方が、働く母親の負担を軽減していたことが指摘できる。姑、実母、実父の親族ネットワークに加えて、対象者の3分の1以上は子守・女中の支援を得ている。妻の収入に比して女中の賃金は安く、前述の原は、家事は苦にならなかった（村上 1983）、という。3点目は、戦前は、柔軟性のある働き方が出来たことがあげられる。職場で授乳した様子なども多く語られている。職住接近の状況があったこともうかがわれ、昼休みになると女中や子守が昼休みに乳児を連れて職場に来たと語る母親も複数みられた。雑誌記者の瀬戸つやは、退職の理由として、社業が発展するにつれて規則が厳しくなり、従来のような融通性のある自由な活動の余地がなくなり、家庭を抱えながらの勤めが困難になった、と語っている（村上 1984）。

以上、『主婦之友』の女性の職業に対する啓蒙記事では、大正期には、女性が職業をもつことについては総じて批判的な見方であった。昭和に入ると、職業をもつことは女学校卒業後の進路として推奨されるようになる。戦時下は女性が働くことが必要となり、子どもをもった後も働き続けることが肯定されるよ

うになる。女性の就労が社会・経済的背景に翻弄されることは，現在と同様である。子育てをしながら働く女性の事例では，戦前期の職業をもつ母親は，子どもと一緒にいられない後ろめたさをもちながらも，職業をもつことを誇りに思い，職業を続けられることを幸せに考えていた。現在のように公的な支援がないなか，親族や子守，女中の支援を受けながら，職場で授乳をするなど，融通性のある自由な働き方をしていた。戦前も現在も，働きながらの子育てには職場のおおらかなまなざしが不可欠であろう。

(『家政学原論研究』46号 pp.11-21 所収)

コラム 子育て・家庭教育の視点

5. 一生分の親孝行

「子どもは5歳までに一生分の親孝行をする」と言った人がいます。可愛いしぐさや言葉で親を楽しませてくれる、だからもうそれから後は親孝行しなくてもよい、というのです。

我が家の子どもたちのエピソードを紹介させてください。子どもたちには、毎晩寝床で絵本の読み聞かせをしていました。「菜種」をテーマにした科学絵本を読んでいたとき、ページをめくると茶色く小さなたくさんの種がパッと飛び散る場面が現れました。1歳過ぎだった1人目の子は、絵本をもつ私の手の甲に菜種とそっくりのもの（ほくろ）があるのに気付き、小さな指でつまもうとしました。また、3歳ごろに、着ぐるみのキャラクター「じゃじゃまる・ぴっころ・ぽろり」が登場する幼児向け番組を見ていたときのことです。「ぽろり」とアニメの「バイキンマン」の声優が同じことに気付き、「お母さん、バイキンマンがぽろりのぬいぐるみをかぶっているんだよ」とそっと教えてくれました。3番目の子にはこんなことがありました。私が勤務校の「学園長」と一緒に出張に行ったことを知ると、「お母さん、ヘムヘムも一緒だったの？」と尋ねたのです（学園長とヘムヘムは人気アニメ「忍たま乱太郎」に登場するコンビ）。

カナダ極北の民族であるヘアー・インディアンは、生活を「はたらく」「あそぶ」「やすむ」の3つにはっきりと区分しているといいます。それでは子育てはどこに入るのでしょう。なんと正解は「あそぶ」です。ヘアー・インディアンは子どもをひとりの人間として尊重しながら、子どもの可愛いしぐさや言葉を、おしゃべりのネタにしたりして楽しむのだそうです。また、自分の子どもを育て終わってもよその子どもを育てることが報告されています[*]。

ヘムヘムと私が一緒に出張に行ったのでは？と疑った子は、ショッピングセンターの植え込みで一所懸命「コビト」を探したこともあります。このような出来事には、子育てをしていたら何回も出会います。あなたも、忘れてしまわないように大切に「宝箱」のなかにしまっておいて、その子が大きくなったら、そっと教えてあげてください。

[*]原ひろ子 1979『子どもの文化人類学』晶文社

第11章
食生活と子育ての歴史的変遷

　「〈伝統〉とは長い年月を経たと思われて，そう言われているものであるが，その実往々にしてごく最近成立したり，また時には捏造されたりしたものである」とホブズボウムは指摘する（Hobsbawm et al. 1983)。昔の食卓はよかった，というのも案外幻想かも知れない。少子化や女性の地位の低さは，ホブズボウムのいう「創られた伝統」が要因では？というのが本章の問題提起である。家族の食事はお母さんが愛情を込めてつくるべき，と普段何気なく思われていることを再考する。

1. 食事準備と母親

　「どっか心の中に　ぽっかり空いてる　この穴うめてくれるのは　なんてことないママのごはん　懐かしい故郷の匂い　さあおうちに帰ろう　世界一ごはん　ママが作ったごはん　どんな高級料理も勝てないんだ　笑顔になるのはきっと愛があるから　世界一おいしいママの味」（植村花菜，世界一ごはん）これは，シチュールーのコマーシャルに使われた歌の一節である。「ママごはん」ならずとも，「おふくろの味」は誰しもなじみ深い言葉である。子どものころに食べた懐かしく，素朴な家庭料理といった意味に使われている。この歌のように，母親は愛情込めて子どもに手作りの料理を食べさせるもの，と考えられてきた。

　公共インフラが整備されておらず，水汲みをし，マキをくべてかまどや囲炉裏で調理をしなければならなかった戦前期は，食の担い手はなくてはならない存在だった。食事作りはかなりの重労働だったからである。使用人がいるごく一部の裕福な階級以外は，一家の主婦がその役目を担っていた。母親は，農作

業など家業の手伝いをしながら，家事・育児もしなければならなかった。多くの農山漁村では，日常の家族の食事は，現在のように毎食ごとに違う多くの種類のおかずが用意されていたわけではなく，多量に作りおいて数日間食べ続ける煮物と漬物といった質素なものだったといわれている。父も母も労働に明け暮れ，家族が食べていくのがやっとだった。

戦後は公共インフラの整備とともに，家庭電化も進み，作業のしやすいダイニングキッチンも登場した。戦前に比べて家事労働が大きく軽減化したといえる。1950年代から1970年代半ばまで続いた高度経済成長期は，男性は外で仕事，女性は家庭で家事・育児という性別役割分業がもっとも明確に根付いた時期であり，食事作りは専業主婦の大切な仕事だった。

それでは，男女共同参画が推進され，女性の雇用労働化が進む現在はどうだろうか。家庭における食事のしたくの家事分担は，1992年，2002年，2004年の調査で，約90％を妻が担当しており，いずれの年齢階級でも妻が8割を下回ることはなかった（内閣府 2004）。一日平均の食事の管理時間も，妻は1時間32分，夫は9分と大きな偏りがある（総務省 2006）。外食産業が発展し，コンビニエンスストアやデパ地下で多くのお惣菜が売られるようになっても，家庭の味は母親が作り出すという実態は変わっていない。

2. 幸せな家族の表象としての食卓

一方，「食卓を囲んだ家族団らん」像は，親密で幸せな家族の表象である。1970年代に一世を風靡した数々のホームドラマには，家族が食卓を囲んで食事をとるシーンがくり返し登場した。国民的人気アニメ『サザエさん』，『ちびまるこちゃん』でも，チャブ台を囲んで会話をかわす家族の情景が，物語の重要なモチーフの一つとなっている。「家族で共にする食卓は，共に生きるということを感じさせる」といわれる（河合 2003）。実際，多くの国民が夕食に「家族との団らん」を望んでいることが調査により示されている（厚生省 1999）。家族が食卓を囲んで談笑する姿は，現代人の憧れである。

図11-1に示したのは，文部科学省が作成した『家庭教育手帳』の挿絵の一つである。2004年に初めて作成されて子どもをもつ全家庭に配布されたこの

図 11-1　文科省『家庭教育手帳』の食卓（文部科学省 2004）

子育て本には，発達段階に応じて3分冊あるすべてに「一緒に食べるってとても大切」として，家族で食卓を囲むことの重要性が語られている（文部科学省2004）。

　いじめ，不登校，引きこもり，少年非行などの近年の青少年の問題は，対人関係能力と結び付けて論じられることが多い。家族のコミュニケーションは，子どもの対人関係能力の基礎となるにもかかわらず，両親の仕事や子どもの塾通いによる家族の時間のずれなどから，減少傾向にある。家庭のなかで家族がそろう数少ない場の一つが食卓といえる。事実，1995年の総務庁による調査では，親子の共同行動でもっとも多いのは「食事をする」ことであった（総務庁1995）。中教審答申ではたびたび「家族が一緒の食事」の大切さが語られ（中央教育審議会 1998, 2004），文部科学省から発行された道徳副読本『心のノート』にも家族の食卓を描いた挿絵が多用されている（文部科学省 2002）。幸せのシンボルである家族の食卓は，子どもをめぐるさまざまな問題を解決する手段としても期待されている。

3. 食事にまつわる幻想

　われわれは，このような食卓を囲む家族の情景に郷愁を抱き，従来から日本に存在した伝統文化と思いがちである。しかし，全国284名の高齢者を対象とした聞き取り調査によって，家族そろっての食事は，銘々膳や箱膳にかわって

チャブ台が庶民の家庭に普及する大正から昭和初期以降に始まり，会話を伴う楽しい食事が実現するのは，チャブ台がテーブルに移行する戦後以降であることが明らかになっている（石毛ほか1991）。地域差や階層差があったものの，貧しい農山村，忙しい商家では，仕事のわずかな合間に時間のある者から簡単に食事をすませ，食べながらの家族団らんは日常のものではなかった。生きていくのに精いっぱいで，食事を楽しむような余裕などなかったのである（表2009）。

それでは，家族の食のあり方はどのように変化するのだろうか。図11-2に家族の食をとりまく要因を図示した。家族の生活に影響を及ぼすマクロな要因として，国家の政策，産業構造・経済階級，マスメディア，伝統文化構造があげられる。これらの要因は相互に影響を及ぼしながらわれわれの生活を規定する。具体的に食生活に影響する要因に注目すると，まず，国家の政策として，学校内外において，教科書や副読本を用いて食に関する教育が行われている。前述の『家庭教育手帳』や『心のノート』はその一例である。

また，近年のマスメディアにおいては，健康ブーム，グルメブームを背景に，新聞，雑誌，テレビにおいて食に関する内容が盛んに報道されている。最近では，インターネットによる情報の取得も一般に広く普及している。ここまでは食に関する情報として，家族員をとおして家族の食行動に影響を及ぼす事象で

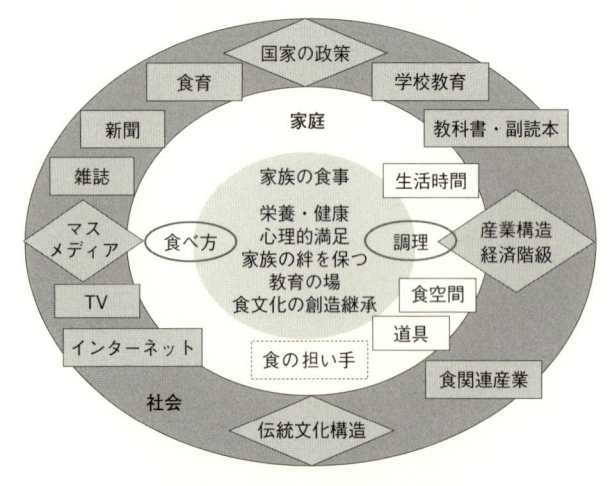

図11-2　家族の食を規定する要因

3. 食事にまつわる幻想　133

ある。

　一方，家族の労働時間や帰宅時間などの家族員の生活時間，台所，食堂や食卓などの食空間，調理器具や家電製品などの食にかかわる道具は，材料の調達・食事準備・後片付け（調理）や食事のとり方など家族の食生活の経営に直接作用する。中食・外食を提供する食品産業も含めて，産業構造や経済階級と深く結びついたこれらの構造的要因が家族の食に大きな影響を及ぼす。

　さらに，食生活を支える家族員の家事労働は不可欠であり，それがなければ図 11-2 の中心にあげた，栄養をとり健康を保つ，おいしく楽しく食べて満足する，コミュニケーションをとり家族の絆を保つ，子どもの教育の場となる，食文化の創造継承といった家族の食の機能を果たすことが出来ないことはいうまでもない。

　大正期から戦後の高度経済成長期にかけて，家庭に食卓での家族団らんが普及した背景には，家族員が同じ時間に一堂に会することができる時間的・空間的余裕ができたことと，雇用者の妻である専業主婦が家族の食事をととのえ，食卓での家族団らんの「お膳立て」をしたことが大きいと考えられる。その主婦は，戦前は学校における修身科や家事科の時間に，戦後はテレビでみるホームドラマの食卓風景から，食事は家族そろって団らんしながらすべき，という意識を植え付けられた。図 11-3 に示したのは戦前の修身教科書 1 年生用の挿

図 11-3　文部省　修身教科書『ヨイコドモ』(1941)

絵である。食卓での家族団らんは，経済が豊かになった時代に「メディアと専業主婦が生み出した伝統」といってよい（表2010）。

実は，「おせち料理」にも似たようなことがいえる。流通システムが今のように発展する前は，その土地でとれたものを食することが日常であり，食文化には大きな地域差があった。正月料理もその例外ではなく，江戸時代から続く数の子（当時は大漁で安価な食材だった），ごまめ，黒豆の祝儀肴（サカナ）以外は，大きな地域差があった。重箱を使う地域は少なく，大鉢や大皿盛が多かったという。料理屋の組重が都市部の上流階級に利用されるようになってから料理の品数が増え，今に近い形となった（奥村2003）。三段重は戦後の料理本や婦人雑誌，テレビの料理番組とそれを参考に調理した主婦が創りだした伝統といえる。「おふくろの味」も，メディアが創りあげたイメージなのかもしれない。忘れられない思い出の味は，かならずしも母親が作った料理ではなく，初めて食べたインスタントラーメンやファーストフードの味だったりするものである。

高度経済成長期が終わり，母親が家庭の外で働くようになったことで，家族の食を支える基盤が揺らいだ1970年代後半から1980年代初めにかけて，一人で食べる「孤食」が話題になった。さらに父親の長時間労働，子どもの塾通いによって，生活が個別化した家族の食を支える食品産業が台頭し，お惣菜やコンビニ弁当などの「中食」は，「孤食」のみならず，家族で別々のものをたべる「個食」を可能にした。学校教育やマスメディアが，食の重要性を喧しく訴え，豊かな食空間や道具が準備されても，家族は食品産業への依存度を増している。1人で食を営むことの簡便さが，家族の個別化を促す一因ともいえる。食は家族の変化を反映するものであるとともに，家族のあり方をも規定するのである。

4. ベビーフードは使っちゃだめ？

次に，子育てに不可欠な食，「離乳食」に焦点をあてたい。

瀧井宏臣は子どもたちのライフハザード（生活破壊）の一つとして「悲しき食卓」をあげ，その具体例として母親が市販のベビーフードを利用することを

批判している。多くの母親が「うらごし」という言葉を知らない，と母親の調理知識のなさを憂いている（瀧井 2004）。現在，ベビーフードは多様な種類が販売されているが，1960 年ごろに開封してすぐに食べられる果実や野菜，レバーなどの裏ごし缶詰が初めて販売され，1971 年には瓶詰め，1980 年代年にはフリーズドライやレトルトの食品が相次いで登場した。1980 年代の雑誌には，ベビーフードの安全性を危惧したり，離乳食を手作りしない「手抜きママ」を批判する記事が散見できる（辻 1987）。

　子育て不安に関する最近の調査では，「離乳食」を不安に思う母親が増加していたことが報告された（原田ほか 2011）。離乳食は，食べる量が少量であるにもかかわらず，準備に手間と時間がかかるが，せっかく手作りしても子どもが食べてくれないことも多い。市販のベビーフードを「よく」あるいは「ときどき」使ったと回答した母親は合わせて 68.8％だったが，「手作りを与えたい」との回答も 6 割にのぼることが，1 歳半の子どもをもつ母親を対象とした調査でわかった（天野 2011）。厚労省の調査では，8 割以上の対象者が「愛情」面で手作りの方が優れていると回答した（厚生労働省 2005）。研究・開発を経た市販品は，栄養面，衛生面にも優れているといえるが，母親は罪悪感を抱きながらベビーフードを使うことが多い。手軽さと愛情は反比例する，という意識が根強いといえるだろう。子育てに詳しい大日向雅美は，子育て期の母親が，「無頓着過ぎる親とがんばり過ぎる親」に大きく二極分化していることを指摘している。まったく料理をせず，栄養バランスにも無頓着でジャンクフードを気にせず子どもに与え，保健師，栄養士のアドバイスもきかない母親がいる一方，がんばり過ぎる母親は完璧に出来ないと傷ついてしまう，という（大日向 2009）。

　前にも述べたように，ベネッセによる子育て生活基本調査の経時変化をみると，「子育ても大事だが，自分の生き方も大切にしたい」と回答する割合が，1997 年から 2008 年の 11 年間で 20％近く減少している（ベネッセ 2008）。自分を犠牲にして子育てを優先しようとする傾向が高まっている。その背景には，手作り料理志向も関係しているのではないだろうか。「離乳食」をキーワードに国立国会図書館の収録数をみると，食育推進連絡会議が設置された 2003 年以降に件数が急増し，前後 5 年間の年間平均収録数は，会議前 5 年間 10.6 件，会議後 5 年間 24.2 件と倍以上に増えている。その多くを占めるのは手作り離

乳食のレシピ本だった。

　国民が理想とする家族の姿である食卓での家族団らんは，実は家族のあり方を規定するために国家が作りあげて国民に植え付けてきたイデオロギーともいえる（表2010）。さらに戦後の高度経済成長期に「性別役割分業家族」が一般化した時代には，食生活も豊かになり，「主婦専業の母親の手作り食」の大切さが，国民に広がった。ラプトンは「女性が多くの家事に加えて食事の準備もしなければならなかった結果，社会参加が阻まれてきた」と述べる（Lupton 1996）。欧米諸国と比較して母親の就業率が低いことは，母として毎日の食をととのえなければならないという母親自身の強迫観念が一端を担っており，それが日本の女性の地位の低さにつながっているといっても過言ではない。

5．これからの家族の食

　ここまで，「母親」が愛情をかけた料理を「手作り」し，子どもを育てなければならない，という社会全般の「思いこみ」が母親を追い詰め，ひいては日本の女性の地位を下げている，と述べてきた。だからといって，食卓での家族団らん，手作りの食の豊かさを否定するものではない。第8章でも述べたように，食事の場での子どもとのコミュニケーションは，子どもの心身の健康，発達に好影響をもたらすことが報告されている。また，食事の手作りが，子どもの食に関する家事労働や，食卓の楽しい雰囲気につながることも明らかになった。手作り料理だけが愛情とは限らないが，食を手作りできる技能と，よいものを選択し，子どもに与えることが出来る能力を身につけることは，子どもを育てるにあたってとても重要なことである。

　『家庭教育手帳』や「早寝早起き朝ごはん」運動のように，食の大切さをことさらに訴えるだけでは問題の解決は程遠い。これからの不安定な社会のなかで，母親も経済的に自立することが不可欠である。現状のように母親だけに負担がかかることのないワーク・ライフ・バランスを社会全体が考えていく必要がある。母親だけでなく，父親，子どもも食事の準備に参加し，家族全員に余裕がないときは，市販のものもうまく利用する，そのとき，賢い消費者としての正しい知識をもって，主体的によい商品を選び，生産者に意見を述べ，商品

作りに参加ができることが望ましい。食はわれわれの健康にかかわる毎日の営みである。それぞれの家族がこのような食の営みを実現すれば，やがて少子化が緩和し，経済が活性化すると同時に，子どもの問題も解決に向かい，社会全体が豊かになっていく，と考えるのは少し大げさだろうか。

(「第8章 食 おふくろの味と子育て」『今こそ家政学―暮らしをつくる11のヒント』ナカニシヤ出版（2012）をもとに加筆修正)

コラム 子育て・家庭教育の視点

6. 子どもに遊んでもらおう

　サンタさんを信じるような可愛い幼い時期を過ぎたら，子どもはもう大人を楽しませてくれない？　いえいえ，そんなことはありません。子どもが小学校で学ぶ時期は，「子どもに遊んでもらう」，大人も子どもと共にさまざまな経験をして，成長するチャンスなのです。

　本書の第1章で述べた幼児の保護者への家庭教育調査では，家族で図書館に行ったり，動物園や植物園，博物館や美術館に行く頻度はあまり高くありませんでした。まだ子どもの年齢が低いせいもあるかもしれません。お茶の水女子大のグループが行った小・中・高校生を対象とした調査では，家族でこのような文化施設を訪れることが多い子どもは，学校でのパフォーマンスもよく，何事にも前向きな回答をしていることがわかりました*。こういうと，施設に行って，動物や植物の名前を覚えたり，歴史や芸術の勉強をしているのではないかと思う人がいるかもしれませんが，そうではないと思います。多くのものにふれ，さまざまな経験をすることが，子どもの好奇心を育て，教養を高めてプラスの方向に導くのでしょう。文化施設に行くことだけでなく，キャンプ，魚釣り，川遊び，海水浴などの自然体験や，家族旅行，遊園地へ出かけることも，子どもの心身を豊かにし，勉強への意欲にもつながります。

　大人も楽しめて，正に一石二鳥！　子どもに遊んでもらいましょう。我が家の子どもたちが小・中学生だった時期，家族でさまざまなところに出かけました。動物園，水族館，交通博物館，市民プール，川遊び，海水浴，魚釣り，フィールドアスレチック，キャンプ，スキー，遊園地などなど。お金と時間がないなら，近くの公園，草っぱらでセミやバッタ，トンボをとったり，夜，星空を観察すればよいのです。子どもが大きくなったらそうそう出来るものではありません。子どもと一緒に楽しみ，思い出をつくることが大切です。子どもは忘れてしまうかもしれませんが，親にとっては子育ての自信につながります。

　子どもに遊んでもらった思い出は，私の大切な宝物。今でも夫と出かけますが，残念ながら，あのときの楽しさには勝てません。

*牧野カツコ 2006『家庭生活および家族関係が児童・生徒の学校適応及び価値意識の形成に与える影響』（科学研究費補助金研究成果報告書）

第IV部

子育て・家庭教育の今後

第12章
多様化する家族

　お父さん，お母さんがいて子どもがいる，それだけが家族ではない。社会の変化に伴って，家族は多様化し，夫婦や親子の関係も複雑になっている。家族の捉え方が国によって異なることは，家庭科教科書の内容からも明らかである。変わらないのは，子どもを社会の一員として育て上げることが家族の大切な役割だということ。でも，子どもを産むか産まないかも，今は個人の選択の自由である。家族にとって，子どもを産み育てることはどういうことか，今一度考えたい。

1. 家族とは

　訓示的解釈では，家族は「夫婦の配偶関係や親子・きょうだいなどの血縁関係によって結ばれた親族関係を基礎にして成立する小集団」などとされている。しかし，「家族」に正式な定義はない。社会学者である上野千鶴子は，個人がもつ「自分にとっての家族は誰か」という意識として，「ファミリー・アイデンティティ」という考え方を示した（上野1994）。親族関係をもたなくても家族と思っていることもあり，共に暮らす親族でも人によっては家族の範囲には入れない場合もある。家族について学習する家庭科の高等学校教科書も，最近では「家族の範囲は人により異なり，時が経つにつれて変わる」というように，明確な構成員を示さないことが多くなってきている。もちろん，ファミリー・アイデンティティのなかに，配偶者（夫・妻）や親・きょうだいを含めることが一般的だが，個人が考える家族の範囲が「家族」といってよい。

　人に一生があるように，家族にも一生があるという考え方を「家族周期」とよんでいる。核家族をモデルとして考える場合，家族は結婚によって生まれ，

新婚期，育児・教育期を経て，やがて成人した子どもが出ていくことによってふたたび夫婦二人となる。配偶者の死，本人の死によってこの家族は終末を迎える。結婚は家族の出発点である。

2. 新しい結婚・家族の形

　日本における結婚の特徴は，①結婚好きでほとんどの人が結婚する，②離婚・再婚が少ない，③結婚＝法律婚（⇔事実婚），④適齢期意識が高い，⑤結婚式がおおげさの5つがあげられてきた。しかし，日本でも，結婚・夫婦のあり方は変化してきている。

　まず，初婚年齢が上がり，結婚していない若者が増えている（図12-1）。その結果，子どもを産む年齢も上昇している。また，法律で認められていない夫婦別姓を貫くなどの理由から，法律婚をしない事実婚夫婦も現れた。グローバル社会となり国際結婚の壁も低くなった。結婚しても同居せず，互いの生活の独立性を尊重する"コミュータ・マリッジ"といった結婚形態をとる夫婦も，

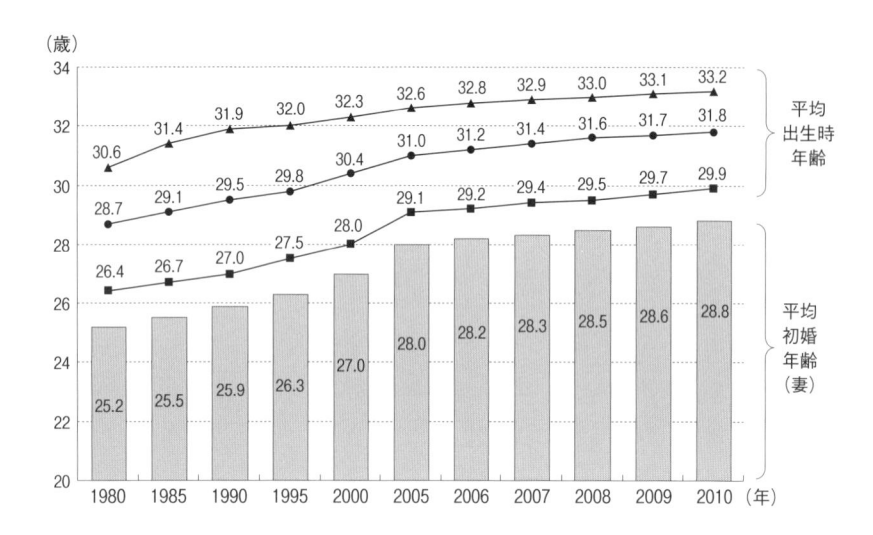

図12-1　平均初婚・出産年齢の推移

少数派ではあるが現れた。近年では，第2章でも述べたように，離婚に関しても，「離婚も止むを得ず，人生をやり直す再出発点である」「離婚をした方が得であり，夫婦関係がうまくいかなければ，子どものためにも離婚した方がよい」といった前向きな方向に意識が変化し，離婚率が上昇している。図12-2からもわかるように，男女とも婚姻率がここ20年減少傾向にあるのに対し，離婚率は上昇している。

諸外国ではさらに，結婚・家族の多様化が広がっている。イギリスの国民的歌手であるエルトン・ジョンの結婚相手は男性である。最近彼が卵子の提供を

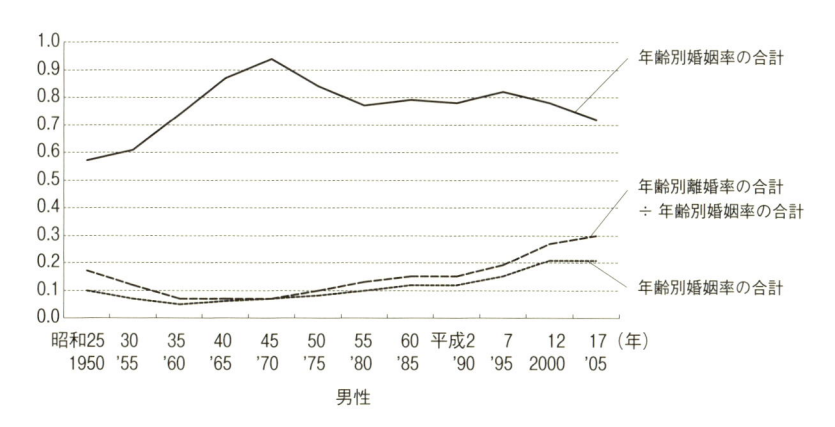

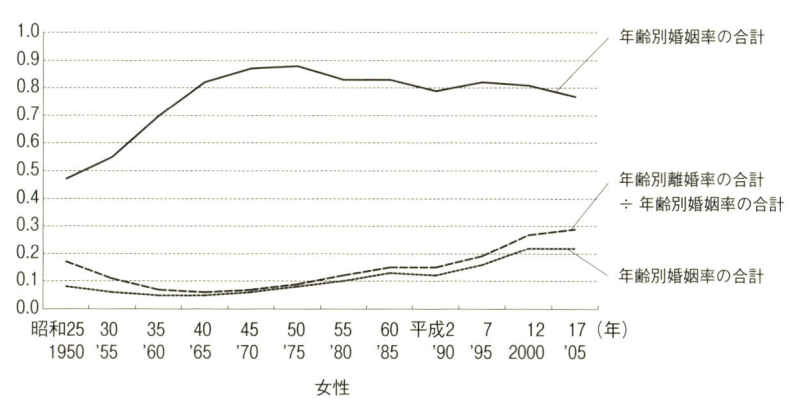

注：年齢別婚姻率・離婚率の合計は5歳階級別婚姻率・離婚率を5倍して合計した。

図12-2　婚姻率・離婚率の推移

受けて子どもをもうけたことでも話題になった。子どもの両親はともに男性，アメリカのいくつかの州，オランダ，ベルギーなどでも同性婚が法的に認められている。また，スウェーデンの夫婦の3割以上がSamboとよばれる婚姻届を出さない事実婚カップルである。日本語でいえば「同棲」だが，法律婚とほとんど同様に法的な保護がある。

3. 諸外国の家庭科教科書における家族

　欧米では日本よりもさらに家族の多様化が進んでいることを述べた。では，そのほかの国はどうだろうか。

　家庭科は，日本だけでなく世界各地で教育され，「家族」を学習内容に含んでいる。ここでは，これまであまり紹介されてこなかったアフリカ，アジア・オセアニア，ヨーロッパ地域の家庭科教科書における家族領域の内容を概観したい（表2004a，表2004b，表2004c）。取り上げた5カ国の学校制度，家庭科教育の位置づけ，教科書制度はさまざまであり，単純に比較することはできない。しかし，家庭科の教科書を用いる国は多くなく，入手すること自体も難しい貴重な資料である。アフリカ・オーストラリアの教科書は2000年に行われたIFHEガーナ大会の学会ブックストア，および著者から直接入手した。また，台湾の教科書は2001年に台北の教科書専門店にて，フィンランドの教科書は2002年にフィンランドの教育省にて購入したものである。

(1) フィンランド

　フィンランドでは，7歳入学・9年制の義務教育機関である総合学校で，家庭科が男女必修教科に位置づけられている。家庭科教科書は3社から出版され，家族・家庭・人間関係，食生活，掃除・洗濯，消費生活，環境問題の5領域に関する内容を含んでいる。

　「社会へ勇気を持って飛び出す出発点は家庭。社会で受けた心の傷を癒すのも家庭」（Otava社），「人はみな愛されることを期待し，あるがままを受け入れてくれる人がそばに必要です。家庭での開放的な状態での言葉や態度はとても大切なものです。そして語り合うことや人の話を聞くことで信頼関係は生ま

図12-3　フィンランド Tammi 社家庭科教科書
「家にいるのを快適に思うことが出来る事柄」

れ，この信頼関係が人間関係の基本となります」(Wsoy 社)，「家族がいることほどすばらしいことはない。家に帰ってくるときに喝采などなく，ただ，一歩踏み込むのが家庭である。相互のかかわりあう場所が家庭である」(Tammi 社) といった表現で家族の大切さが表されている。

「ささやかだが，喜びやうれしい気持ちを呼び起こすことができること」として，「部屋や家の掃除をして驚かす」「家族や親しい人を食事やパン，ケーキでもてなす」「一緒にお茶の時間をすごす」など8項目をあげ，「自分がやって欲しいと思うことを，周りの人にしてみましょう」と述べている (Otava 社)。また，「家にいるのを快適に思うことができる事柄」として「食事を作る，パン・ケーキを焼く」「家族と一緒に話をする」「家族と一緒に食事をとる」など14項目をあげている (Tammi 社)。これらの内容に限らず，生徒の実際の生活に起こりうる具体的な場面をあげて，家族や家庭の役割，家庭での生徒自身の立場やするべきことを考えさせる箇所が多い。

(2) オーストラリア

オーストラリアの初等・中等教育は12年間で，学校体系は6－6制，6－4－2制，7－5制があり，州によって異なる。義務教育は多くの州で6歳から15歳までの9年間である。連邦の雇用・教育・訓練・青年省が全国共通カリキュラムを作成し，教育課程の大まかな基準を示しているが，教科書検定制度はない。家庭科は中等教育における選択教科である。

オーストラリアで多く使用されている "Exploring Home Economics Book

図 12-4　オーストラリア家庭科教科書「子どもが属する集団」

1"は，食生活の内容を中心とした入門的な家庭科教科書である。「家庭科について」「食物について」「食物と私」「私について」の 4 部から構成されている。第 4 部の「私について」は第 10 章：私を見つめると第 11 章：人々と私の 2 章に分かれている。「人々と私」の「人々」として，「家族」「友だち」「コミュニティー」のそれぞれに説明が加えられ，課題があげられている。「社会における人々は集団のなかで生活する。オーストラリアに生活する人々のなかでもっとも一般的な集団が家族である。」とした上で，家族を「生まれて最初に接する集団で，時には生涯続くこともあるが，変化することもある。」と定義している。家族形態としては，核家族，拡大家族，混合家族，ひとり親家族，事実婚の家族，生活共同体を並列であげている。「すべての家族は異なることを忘れずに」と強調し，生活面での自分から家族，家族から自分への要求や，自分が家族に，家族が自分にできることなどを考えさせる内容になっている。具体的な家族の機能についてはふれられていない。

(3) ガーナ

　ガーナ共和国は西アフリカに位置し，サハラ砂漠以南のアフリカ諸国のなかでは，政治・経済ともに比較的安定した国である。学校制度は 6 - 3 - 3 制で，義務教育は 6 歳から 15 歳までの 9 年間である。家庭科は中学校において教えられている。家庭科教科書 "Home Economics for Schools" は中学校の 1・2・3 学年用に 3 巻に分かれている。教科書の計画，執筆，出版，改訂のため

3. 諸外国の家庭科教科書における家族　147

Fig. 1.1 Nuclear family　　*Fig. 1.2 Single parent family*

図12-5　ガーナ家庭科教科書「核家族・ひとり親家族」

の資金は，カナダ家政学会をとおして，カナダ国際開発機関が援助した。それぞれの巻は，「家族生活教育」「住居と家庭管理」「食物と栄養」「衣服と布地」の4章で構成されている。第1巻の「家族と家族関係」には，アカン族，ガー族，エウェ族，フラフラ族などガーナに住む部族があげられ，部族特有の親族制度が描かれている。「責任と権利」では，家族員の固定的な性別役割が，母，父，子どもに分けて示されている。子どもの家事分担の項目には，弟妹の世話や水汲み，たきぎ運びが含まれている。一方で，「役割の変化」として妻が働いて生活費を稼ぎ，夫が家事・育児をすることも場合によっては合理的であり，性別にこだわる必要がないことが記されている。子どもの感染症や家族計画の方法についての内容が特徴的である。

(4) スワジランド

　スワジランド王国は国土面積1万7363平方キロ・人口102万人の南アフリカとモザンビークに囲まれた内陸国で，1968年英保護領より独立した。最大部族であるスワジ族を基盤として独裁的な権限を持つ国王が君臨する王制国家である。教育制度はイングランド・ウェールズの制度に準じている。学校での授業は英語で行われ，家庭科は中学校において教えられている。家庭科教科書"Home Economics for Life 1 New Secondary Course for Swaziland"は，ガーナの教科書と同様にカナダ家政学会の支援と協力により1998年に初版され

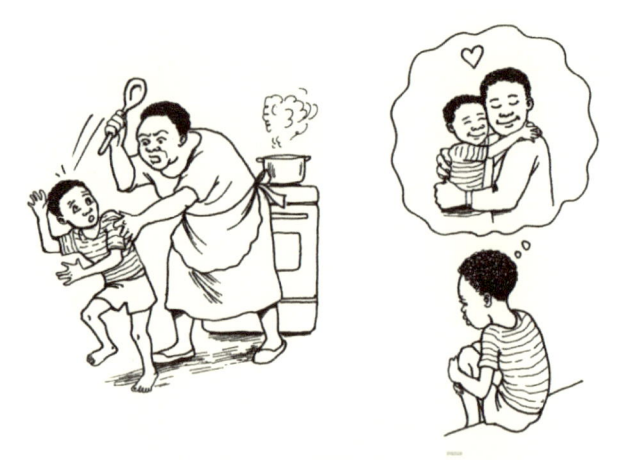

図 12-6　スワジランド家庭科教科書「児童虐待」

た。「食物と栄養」「家庭と金銭管理」「健康」「安全と衛生」「家族生活」「母親と子育て」「布地と裁縫」「洗濯」「手芸」の9章より構成されている。

　第5章：家族生活の第2節：家族員の役割と責任では，女性も収入を得る仕事につくことが多くなったので，家事労働を男性も分担すべきであることが述べられている。「父親の料理」として，男性がエプロンをしてフライパンを使って炒め物をしている挿絵が挿入されている。また，過去のように男の子と女の子で異なる仕事を与えず，親は子どもに平等に家事労働を分担させるべきであることが示され，男の子が家の掃除をする挿絵もみられる。一方で，第3節の「子どもの社会的行為」には，スワジランドの社会規範が示されている。目上の人には指をさしたり，目を直接合わせたりしてはいけない。子どもは大人と同じ皿から食べ物を食べてはいけない。目上の人と同じ高さに座らず，低い位置で接するなど，大変具体的である。「児童虐待」は，ガーナの教科書にはみられない内容である。「虐待の兆候」では，被虐待児を発見するための細かい項目があげられている。また，身体的虐待，ネグレクト，性的虐待，心理的虐待のそれぞれが詳細に説明されている。

(5) 台湾

　台湾は6－3－3制の学校体系をもち，小・中学校の9年間が義務教育で

表12-1 感謝の気持ちの養い方 (許, 2001より作成)

感謝の気持	方法
1 親は身をもってモデルを示す	感謝,助け合いの模範を示す。「どうぞ」,「ありがとう」などの言葉をよく口にする。自分の親にたいして親孝行する
2 ボランティアをする	子どもに家事をさせたり,コミュニティの活動に参加させるなどして,他人の重要性を感じさせる。
3 感謝の気持ちで会話	一家団らんやパーティなどの場において,感謝している人や感謝していることを話し合い,互いにその幸せを分かち合う。
4 受けるより与える方が幸せと指導する	もう使わないおもちゃや衣類を,必要としている人々にゆずったり,また寄付などをする。
5 実際に行動する	実際に児童福祉施設などを訪問して,子どもに自分の幸せを実感させる。

ある。教育課程の基準は中央政府の教育部が制定し,国民小学,国民中学では「技術」のなかに家庭科が含まれる。後期中等教育では,普通教育を行う高級中学には「家政」が設置教科に含まれ,高級職業学校には専門学科として「家政科」が設置されている。

高級中学の「家政」教科書は3社から出版されている。いずれも上・下2冊に分かれ,上巻は衣生活,食生活,下巻は青年期の発達,家族,家庭管理,家庭に関する法律,住生活により構成されている。アメリカの家族社会学の影響を受けていることがうかがえるが,「礼儀作法」が含まれる点では,儒教国家であることを反映している。家族関係に関する節の親子関係の項目では,親子関係を良好にするためには「感謝の気持ち」をもつことの重要性が強調されている。「感謝の気持ちがあるからこそ,幸福を知り,幸福を大事にすることができる。感謝の気持ちを持つ人こそ,愛を分かり,愛の中で育った子どもが健康で幸せな子どもになれる。」とし,具体的に感謝の気持を養う方法を表に示している。表には「親孝行」という言葉が用いられるなど,儒教色が濃い(表12-1)。

アフリカの教科書は,新しい家族の傾向について言及しながらも,部族の親族制度や生活規範を示していた。台湾の教科書も学術的な内容を含むものの,儒教色の濃い内容であった。一方,フィンランド,オーストラリアは,それぞ

れの特徴をもつが，いずれも多様化する家族・個人のライフスタイルに対応している。日本の教科書は，1980年代まではアフリカ・台湾のようにあるべき家族モデルを示すものであったが，現在は，個々のライフスタイルを尊重した内容となっている。その一方で，現在の日本の学校現場には，ひとり親家族にいる子どもの増加などの影響により，家族について語ることをタブー視する雰囲気がある。そのような子どもを気遣うこと自体，あるべき家族モデルをもつことではなかろうか。人は1人では生きてゆけない。「共に生きるグループのなかでもっとも一般的な」家族について知り，よりよい関係を築く方法，遭遇するかもしれないリスクについて実践的に学ぶことは，人権侵害ではなく，不可欠な教育である。離婚，家庭内暴力，児童虐待，10代の妊娠，薬物・アルコール依存などについて，今後日本でも，学校教育において子どもたちに詳しく学ばせる必要が生じてくるであろう。

4. 子どもを産み育てる意味

妊娠することができず，辛い思いをする夫婦が多い一方，子どもができても途中で育児を放棄してしまう親もいる。子どもを産み，社会の一員として育て上げることは，これまでくり返し述べたように，家族のもっとも重要な役割といっても過言ではない。しかし，子どもを産むか産まないかは，社会から強制されるものではなく，個人の選択である。では，なぜ人は子どもを産み育てるのだろうか。

農林水産業が盛んだった時代には，子どもは家業や家産を受け継ぎ，将来は親を扶養する存在だった。したがって，長男が家を相続する「家制度」の下では，女児よりも男児が尊ばれたことは第9章で述べた。工業化が進展して豊かになった社会においては，明るさ，活気，喜び，安らぎなど肯定的な気持ちを親に抱かせてくれる，精神的価値が子どもに期待される。

「子どもの価値」について研究を行った柏木惠子は，情緒的価値，社会的価値，個人的価値の3つに分類できるとした（柏木2001）。具体的には，情緒的価値は，年をとったとき子どもがいないと寂しい，子どもがいると生活に変化がうまれる，家庭がにぎやかになる，子どもをもつことで夫婦の絆が強まるとい

ったもの，社会的価値は，子どもを産み育ててこそ一人前，結婚したら子どもをもつのが普通，次の世代を作るのは人としてのつとめ，姓やお墓を継ぐものが必要，そして，個人的価値は，子どもを育ててみたかった，子どもが好きだった，子育ては生き甲斐になる，子育てで自分が成長する，女性として妊娠・出産を経験したかったといったものである。

本書のまえがきでも述べたように，これまでの家庭生活における国際比較調査では，子育ての意味について，「子育てが楽しい」と回答する割合が我が国では少ないのが特徴である（日本女子社会教育会 1995，総務庁 1995）。子どもを育てるのが当たり前といった考え方や，雇用者が増加して家業継続の必要性が減少した今日，子育ては楽しい，と感じることが出来ない環境も少子化の原因の一つであろう。

5. 夫婦関係と子ども

経済不況のなか，中高年との膨大な経済・就業格差，自立を促せない親が若者を結婚しない状況に追い込んでいることが指摘されている（宮本 2001）。一方で，『ゼクシィ』や『ヴァンサンカンウェディング』などの結婚情報雑誌をみると，結婚に憧れを抱く若者が多いことがうかがわれる。雑誌では，結婚式の華やかな場面が強調されるが，「離婚は人生をやり直す再出発点である」といった考え方が広がり，離婚が増えているのも現状であることはすでに2章で述べた。

若い夫婦では子どもをもつことによって互いの関係に変化が生じることが，出産や育児期に注目した最近の夫婦関係の研究によってわかっている。新婚期には夫・妻とも夫婦関係にとても満足しているが，初めての子どもが生まれると，妻に子育ての負担が偏り，夫のサポートがないと妻に不満が生じる（堀口 2002）。育児期の妻は夫よりも夫婦関係に不満を抱いていて，とくに「母親」であることを重視している妻はその傾向が強くなるという（石川 2002）。

「熟年離婚」が増えていることは，同名のタイトルのテレビドラマが放映されたことでも知られている。子どもが生まれることと同様に，子どもを育て終え，再び二人になった夫婦も夫婦関係の転換点を迎える。夫婦ともに「夫婦関

係を維持するためには，我慢や妥協も大切」と考え，とくに夫の育児へ協力が
あった妻は，よい関係を保っていきたいと考えていた（長津ほか 2002）。また，
両親の夫婦仲がよい大学生は，母親，父親各々とも仲がよく，家族がまとまっ
ていると考えることも明らかになっている（宇都宮 1999）。良好な夫婦関係を
続けるためには，互いを思いやり，協力して暮らしていくことが大切で，それ
が子どもを含む家族全体によい影響を与えるのである。

6. 多様な親子関係

　生殖医療による出産は日本でも広がってきている。不妊治療により夫婦の精
子と卵子を体外受精させて母親の子宮に戻す方法は一般的である。第三者の精
子を用いる場合，父親と子どもとの間に血のつながり（遺伝的親子関係）はな
い。ここまでは日本でも行われている。第三者の卵子提供を受けた受精卵を自
らの子宮で育て，パートナーの子どもを出産した国会議員の野田聖子さんは，
アメリカで治療を受けた。夫婦の受精卵でも，母親の子宮に異常がある場合
は，「代理母」に妊娠出産してもらうほかない。これは元プロレスラーの高田延
彦さんとタレント向井亜紀さんの例である。日本の法律では，分娩（出産）が
戸籍上の実母の条件となるので，彼らの子どもは法的には実の親子と認められ
ていない。第三者の精子，あるいは卵子提供を受けた場合，育ての親だけでな
く，遺伝上の親との親子関係が発生する。子どもは遺伝上の親を知る権利があ
るのか，今，新たな問題がもちあがっている（井上 2004）。

　このように，医学の力を利用して自分，あるいはパートナーの遺伝子を受け
継ぐ子どもが欲しいと望む人がいる一方，実の両親に育てられていない子ども
もいる。養子縁組をした子どもは，血のつながりはなくても法的には実の親子
である。最近「児童虐待」や家族のさまざまな問題により，児童養護施設など
で暮らす子どもが増えている。バブル崩壊期以降，とくに都市部の児童養護施
設は飽和状態であるが，日本では，里親や養子縁組が少ないことが現状である
（堀場 2010，湯沢 2004）。

7. 子どもにとっての家族

　今日では，多様な結婚・家族の形，そして親子関係が存在することを述べた。また，子どもを産み育てることは個人の選択の自由であることにもふれた。結婚して当たり前，子どもを産み育てるのは当たり前といわれた時代は過ぎ，シングルやディンクスなど，子どもを産み育てないライフスタイルを選ぶことも社会的容認を得るようになっている。しかし，その本人はどのようにして育ったかというと，やはり家族の中で育ったのである。「キブツ」[註1]のように，ごく限られた場所で，家族が育てるのではなく，共同子育てが行われた例があった。しかし，世界のほとんどの民族において，子どもは家族のもとで育てられるのが一般的である。

　アメリカの社会学者である T. パーソンズは，成人のパーソナリティーの安定と子どものパーソナリティーの形成（子どもの社会化：第14章に後述する）を家族の基本機能とし，「家族は人間のパーソナリティーを作りだす工場」（Parsons, 1956）といった。オーストラリアの教科書がいうように，家族は子どもが属する最初の集団である。可塑性にとんだ乳幼児期において，家族と暮らす家庭生活は，人間の基礎的パーソナリティーに極めて重要な意義をもつ。とくに，言葉や基本的生活習慣の習得にとって家族の役割が欠かせない。

　地域のつながりがなくなった都会で，最近，独立スペースと共用スペースをもち，まったく違う家族が生活の一部を共同化する「コレクティブハウス」という住まいも現れた（小谷部 1995）。これからは結婚しない人もますます多くなるだろう。気のあった仲間が一つ屋根の下で共同生活を送る，ルームシェアも家族の一つと考えてよいのかもしれない（久保田 2009）。外から見た形だけでなく，家族内部の関係性，家族どうしのつながりもさまざまである。

　そのなかで，「家族」は次世代を育てる人間にとって極めて重要な集団であること，「家族」が人々の幸せと大きく関係することをここで再度確認したい。大切なのは，自分にあった家族のあり方をよく考えて選び，互いを思いやって，

　（註1）キブツ（kibbutz）：ヘブライ語で「集団・集合」。能力に応じて働き，必要に応じて消費することを目標に，自給自足・私有財産の否定・内部での民主主義貫徹・共同子育てを行う集団。

共に支えあい生きていくこと。人は社会的な動物だから，誰も一人では生きていけない。

コラム　子育て・家庭教育の視点

7. 子どもを「りんご」に

　我が国は，子どもの家事労働の頻度が低いことを第7章で述べました。学業優先，勉強さえできていればよいという風潮がみられます。でも人間の価値は勉強がよくできてよい学校に入ることだけでは測れません。

　人間の成長発達には，自分を価値ある人間と認める気持ちである「自尊感情」が重要な役割をすることを第11章，第13章で述べています。子どもの可能性を信じて，高みを目指して挑戦させることも大事ですが，期待し過ぎては子どもの負担となります。弟思い，手先が器用，電車の名前を知っている，声が大きい，子どものよいところをどんどん見つけ出し，褒めてあげましょう。子どもが好きなことを見つけ出し，それを伸ばせるように応援してあげてください。

　子どもの自尊感情を形成するには，まず，自分が親から愛されていると自覚することが基本です。スキンシップをとることはもちろんですが，小学生ともなると，それも難しくなります。また，いつもべったりと世話を焼くことがよいとも限りません。私の場合，音楽会，学芸会，運動会，卒業式などの特別な行事の際には，早起きして必ず一番前の真ん中の席をとり，「お母さんはここにいてあなたのことを一所懸命みているよ!!」とアピールしました。そして，料理は苦にならないので，お弁当は必ず手作りしてもたせました。歳が近い子どもが3人いると1人ひとりとじっくり話すことが難しくなります。私は，子どもが小・中学生のとき，国際学会の度に，順番に1人ずつ連れて参加しました。異国でのハプニングを共に乗り越えることで関係が深まり，2人だけの思い出が作れました。何も旅行に出る必要はありません。1人だけを連れてランチに行っただけでも，子どもはその「特別扱い」にとても喜ぶと思います。出来る場面，得意分野で精一杯，愛情を示せばよいのです。また，2番目の子が事故で入院したときは1週間仕事を休んでつきそいました。子どもが心細い状態にあるときこそ，傍にいてあげなければなりません。

　「何層もあなたの愛につつまれて　アップルパイのリンゴになろう」私の好きな俵真智さんの歌です。子どもを父母，祖父母，先生，近所の人，何人もの大人の，たくさんの愛で包んで，「りんご」にしてあげましょう。

第13章
子育てをとりまく環境

　第Ⅰ部では，夫や周囲の協力を得られない母親が，「自分1人で子どもを育てている」と不満を訴えていることを報告した。子育ての母親への偏りが，母親を追い詰めている。子どもたちは，次代を担うかけがえのない社会の宝といえる。子育ては父親と母親の共同で行い，社会全体が支援していくべきである。本章では，我が国における子育てをとりまく環境について，種々のデータを用いて確認する。

1. 子育てと母親

　日本では欧米に比べて，子どもを育てながら職業を継続する女性が少ないのが特徴である。年齢階級別女子労働力率の国際比較をみると（図13-1），日本と韓国は子育て期の30歳代に労働力率が下がりへこみが生ずる，いわゆるM字型カーブを描いている。結婚後・出産後に無職となるケースが多いが，欧米ではへこみはみられず，職業を継続する女性は多い。図13-2には結婚・出産を経た女性の就業形態の推移を示している。出産後には7割以上の女性が無職となり，正規雇用を継続する者は15％ほどである。

　それではなぜ，日本の女性は出産後職業継続しないのか。要因の一つとして，育児の負担が母親1人に大きく偏っていることが考えられる。戦前の庶民の子育ては，家族だけでなく，地域全体の仕事だった。父親も母親も家族の生活を支えるための家業に精一杯なので，祖父母，地域の人々が皆で子どもを見守った。1950年代中ごろから，父親が外で雇用者として働き，母が家事育児をする，性別役割分業家族が増え，「専業主婦」が子育てをもっぱら担当する役目になった。子育ては母親の仕事となり，母子が核家族の中に孤立することに

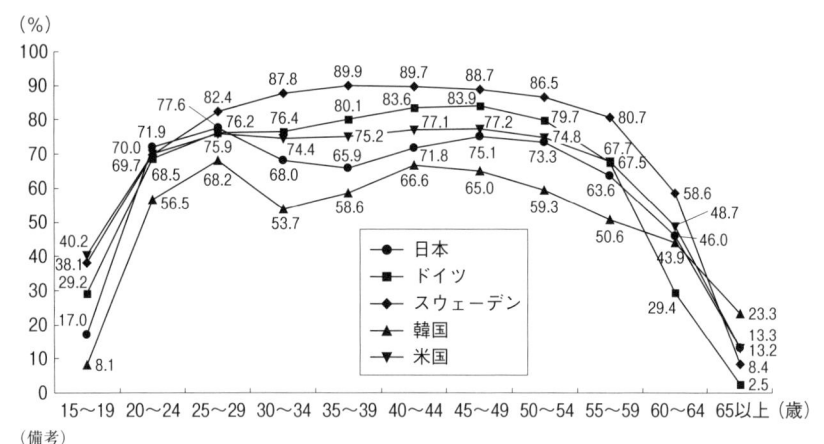

第 13 章　子育てをとりまく環境

図 13-1　年齢階級別女子労働力率国際比較（内閣府男女共同参画局「男女共同参画白書 平成 23 年版」）

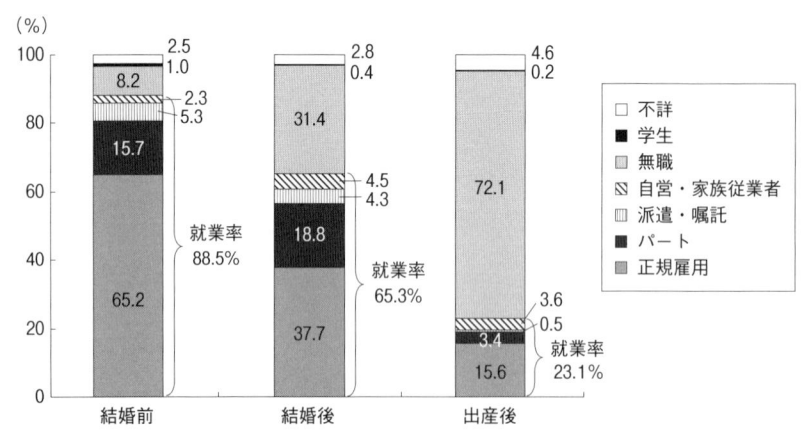

（備考）
1.「労働力率」…15 歳以上人口に占める労働力人口（就業者＋完全失業者）の割合。
2. 米国の「15 〜 19 歳」は，16 〜 19 歳。
3. 日本は総務省「労働力調査（詳細集計）」（平成 22 年）。その他の国は ILO「LABORSTA」より作成。
4. 日本は平成 22 年（2010 年），韓国は平成 19 年（2007 年），その他の国は平成 20 年（2008 年）時点の数値。

図 13-2　女性の就業形態の推移（内閣府「平成 18 年版　国民生活白書」）

（備考）
1. 国立社会保障・人口問題研究所「出生動向基本調査」（2002 年）により作成。
2. 結婚持続期間 5 年以上，結婚 5 年未満に第一子を出生した初婚同士夫婦の妻 4,647 人のうち，結婚年次が 1995 年〜 99 年の者を対象としている。
3.「結婚前」と「結婚後」，「出産後」の 3 つの段階における女性の就業形態を表している。

1. 子育てと母親　159

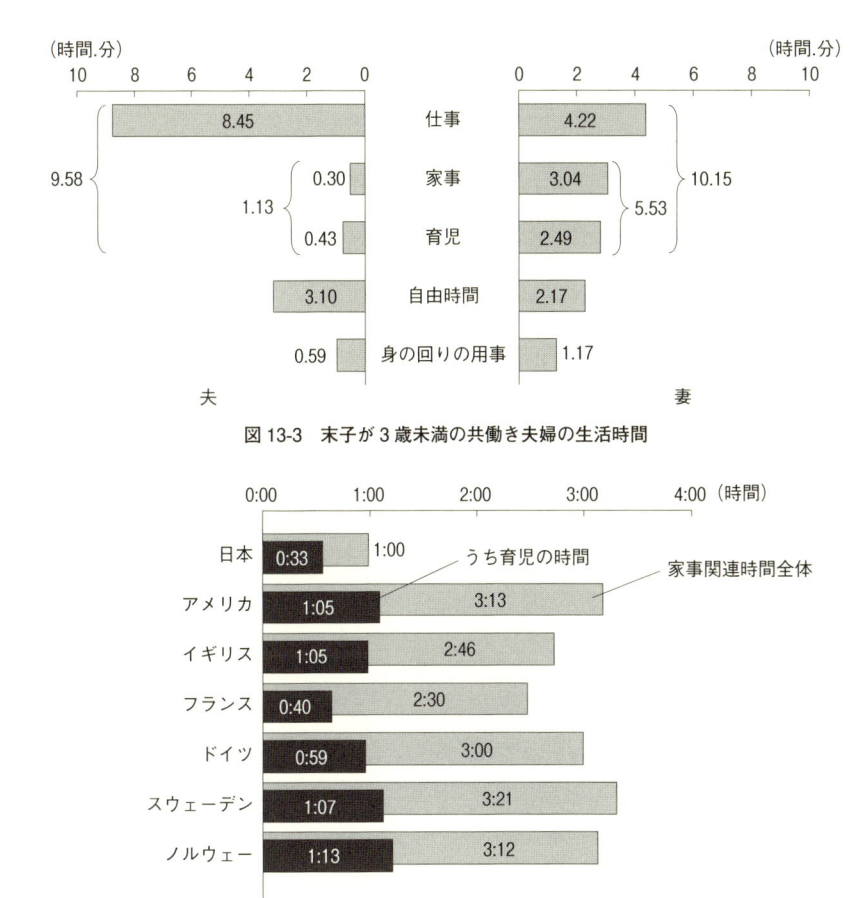

図 13-3　末子が3歳未満の共働き夫婦の生活時間

夫側：仕事 8.45／家事 0.30／育児 0.43／自由時間 3.10／身の回りの用事 0.59
（家事・育児計 1.13、合計 9.58）

妻側：仕事 4.22／家事 3.04／育児 2.49／自由時間 2.17／身の回りの用事 1.17
（家事・育児計 5.53、合計 10.15）

図 13-4　6歳未満の子どもをもつ父親の育児・家事参加の国際比較

国	うち育児の時間	家事関連時間全体
日本	0:33	1:00
アメリカ	1:05	3:13
イギリス	1:05	2:46
フランス	0:40	2:30
ドイツ	0:59	3:00
スウェーデン	1:07	3:21
ノルウェー	1:13	3:12

資料：Eurostat "How Europeans spent their time everyday life of Women and men"（2004）
Bereau8 of Labor Statistics of the U.S. "America Time-Use Survey Summary"（2006）
日本：総務省「社会生活基本調査」（平成18年）

なった。女性の進学率、雇用率が上昇し、男女共同参画基本法が制定された現在でも、母親の子育ての状況は大きく変化していない。図13-3からは共働きにもかかわらず、育児・家事時間が妻に大きく偏っていることがわかる。これは、先進国のなかでは特異な状況であり、日本の父親の育児・家事時間は、国際的には極めて短い。欧米諸国の3分の1程度しか家事育児を行っていないことが、図13-4のグラフから明らかである。

2. 固定的な性別役割分業意識

それではなぜ，わが国の男性は欧米諸国なみに家事・育児参加しないのだろうか。その大きな要因の一つは，家事・育児に関する意識の違いにある。「夫は外で働き，妻は家庭を守るべき」という「固定的性別役割分業意識」の国際比較をみると，日本は他の先進国に比して，賛成する割合が欧米諸国と比較して著しく大きく，ジェンダー意識が強いことがわかる。内閣府の世論調査において時系列で測定されているこの調査の賛成（賛成＋どちらかといえば賛成）の割合は，1992年には60.1％だったが，徐々に低下し続け，2002年には47.0％，

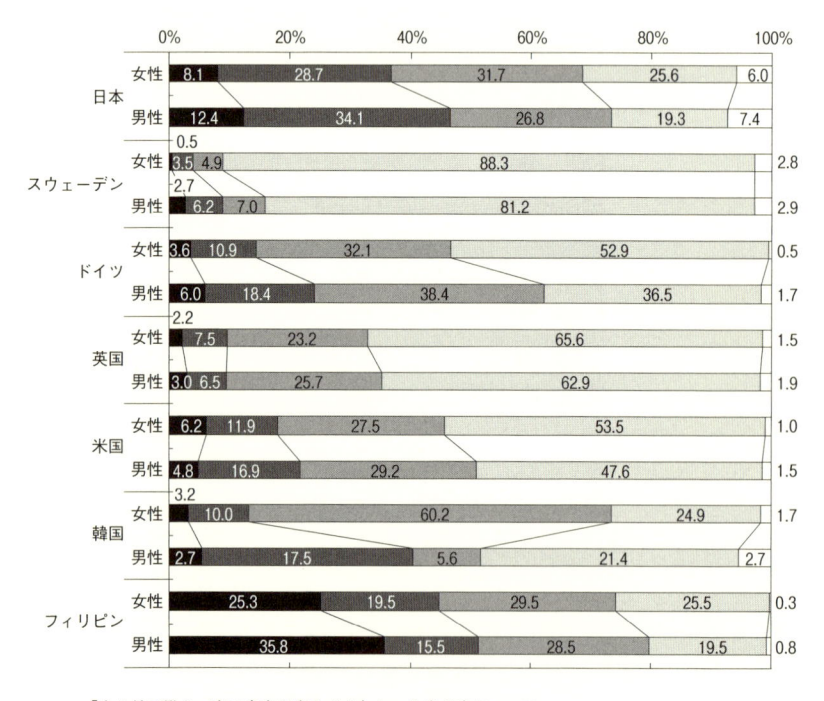

「夫は外で働き，妻は家庭を守るべき」という考え方について

■賛成　■どちらかといえば賛成　■どちらかといえば反対　□反対　□わからない・無回答

図 13-5　性別役割分業意識の国際比較
（内閣府「男女共同参画社会に関する国際比較調査」（平成14年度）より作成）

2007年は44.8％となった。ところが，2012年にふたたび賛成割合が51.6％に上昇し，性別役割分業を肯定する人が多数派に反転した。性別・年齢別のデータでは，20歳代の若い女性の4割以上が固定的な性別役割分業に「賛成」と回答した。

女性自らが，家事育児をしなければならないと思っている。働きながら，家事育児を一手に引き受けようとすると，負担が大きくなり，無理が生じるのはやむを得ない。このような状況が，出産を機に退職する女性が減らない理由であろう。さらに，「妻は家庭を守るべき」との意識をもつ人々が多くを占める職場において，子どもを育てる父親，母親への理解が得られないことも，女性の職業継続の壁となっている。

3. 子育ての機会費用

我が国では，出産を機に一旦仕事を辞める女性が多いことがわかった。父親の子育て参加が乏しく，母親1人に大きな負担がかかることが一つの要因と考えられるが，経済的にはどのような影響を及ぼすのだろうか。

教育費や医療費・食費・被服費など，子育てに直接かかる費用だけでなく，子育てには「機会費用」が生じてくる。機会費用（opportunity cost）とは，利益を上げられるチャンスがあるのに，何もしないことによって生じる損失，ある選択を行ったとき，ほかの選択を行った場合と比べた損失である。少子化を課題とした平成17年度の国民白書（内閣府2005）によると，出産により一旦退職，子育て後，パート・アルバイトとして再就職する場合，6年後の再就職では2億2,700万円の機会費用が生ずることが報告された（図13-6）。日本では，共働き家族が片働き家族を上回っているにもかかわらず，いまだ父が外で働き，母は家事育児に専念する性別役割分業家族が税制や年金制度のモデルとなっている。パート収入が103万円以上になると妻は夫（雇用者）の扶養家族からはずれて税金の控除がなくなり，また，130万円以上になると国民年金を支払わなければならなくなる。図13-6のグラフにおいて37歳からパートとして再就職したのち，収入額が100万円で保たれているのは，このためである。

機会費用に加え，子育てにはさまざまな子育て費用がかかる。同白書による

第13章 子育てをとりまく環境

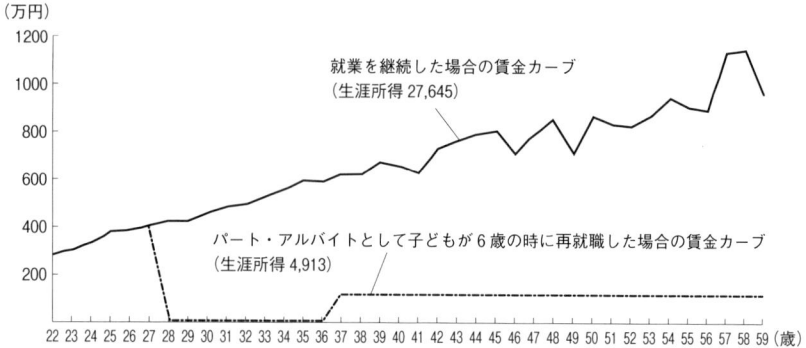

出産時に退職し、パート・アルバイトとして再就職した場合（子どもが6歳で再就職）

就業を継続した場合の賃金カーブ
（生涯所得 27,645）

パート・アルバイトとして子どもが6歳の時に再就職した場合の賃金カーブ
（生涯所得 4,913）

機会費用の推計結果　　　　単位：万円，%

		大卒平均
就業を継続した場合	給　与	25,377
	退職金	2,269
	合　計	27,645
育児休業を取得して働き続けた場合	給　与	23,503
	退職金	2,234
	合　計	25,737
	逸失率	6.9%
出産退職後子どもが6歳で再就職した場合	給　与	16,703
	退職金	1,006
	合　計	17,709
	逸失率	35.9%
出産退職後パート・アルバイトとして子どもが6歳で再就職した場合	給　与	4,827
	退職金	86
	合　計	4,913
	逸失率	82.2%

（備考）
1. 厚生労働省「賃金構造基本統計調査」（2003年）により作成。
2. 22歳時に就職。結婚後28歳で第一子を出産し、31歳で第二子を出産すると仮定。
3. 育児休業は1年間取得し、その間雇用保険より給与の4割を支給されたと仮定した。
4. 退職する場合は、28歳で退職し、第二子出生後満6歳となった37歳で再就職すると仮定した。
5. 「賃金構造基本統計調査」大卒の産業計のデータを使用。年間収入については、同調査の2003年の「きまって支給する現金給与額」「所定内給与額」及び「年間賞与その他特別給与額」により作成。
6. 標準労働者など「きまって支給する現金給与額」を調査していない場合には、一般労働者の年齢層別の「きまって支給する現金給与額」と「所定内給与額」の比率を基に逆算し当該給与額を推計した。
7. 28歳時の退職金については社団法人日本経済団体連合会「2004年9月度退職金・年金に関する実態調査結果」の全産業・男性の管理・事務・技術労働者（大卒）の会社都合退職金の支給月数（3.6ヶ月分）を基に算出した。
8. 60歳時の退職金については28歳時と同資料の会社都合退職の60歳定年退職金及び標準者退職金に基づき、就業を継続した場合については所定労働時間内賃金の41.5ヶ月分、育児休業を取得した場合においては37.6ヶ月分、6歳時に再就職する場合は17.0ヶ月分で計算。
9. パート・アルバイトの平均賃金に関しては、「賃金構造基本統計調査」の20代〜40代の女性パートタイム労働者平均賃金より120万円で固定した。
10. 四捨五入により内訳と計が一致しないことがある。

図13-6　子育ての機会費用（平成17年度版国民生活白書）

と，子どものいる世帯の消費支出は，教育費，交通・通信費，その他の消費支出（こづかいなど）等が多い 18～21 歳の子どものいる世帯においてもっとも多い。また，各年齢層の子どもを一人もつ世帯の支出額から世帯主が同世代であって子どものいない世帯の支出額を差し引いて 22 年間分を足して推計すると，1 人の子どもを育てる費用は 1,302 万円（基本的経費 722 万円，教育費 528 万円，住宅関係費 53 万円）となった。

4. リスク回避とワーク・ライフ・バランス

　これまで述べてきたような現代日本の家庭環境，職場環境のままでは，家事・育児・介護の負担が女性の活躍の障害となる。したがって，仕事を優先させたい女性は，結婚・出産を遅らせる。また，経済不況のなか，「大黒柱」として妻子を養うだけの収入がない男性の増加も，婚姻率を下げる一因である。これからの時代，経済面を父親 1 人だけに頼ることは難しい。最近の傾向として，子育て期も経済上の理由から，働かざるを得ない母親が増加している。図 13-1 の M 字型カーブの底が徐々に上がっているのが現状である。家計を助けるために働く母親は，夫の充分な協力が得られず，家事・育児と仕事の 2 重負担に陥ることから，若い女性の専業主婦志向が増加しているといわれている。このような傾向が，前述した性別役割意識の保守化につながっているのだろう。

　一方，第 7 章の冒頭にも述べたように，世界経済フォーラム報告（GGI2013）では，日本の男女格差は 135 カ国中 101 位だった。1 位アイスランド，2 位フィンランド，3 位ノルウェー，4 位スウェーデン，5 位アイルランドと北欧諸国が上位を占めるこの順位は，経済活動の参加と機会（給与，参加レベル，および専門職での雇用），教育（初等教育や高等・専門教育への就学），健康と生存（寿命と男女比），政治への関与（意思決定機関への参画）の 4 つの指標から算出される。とくに政治への関与，経済活動の参加と機会が日本の順位を低くしている。女性議員や官僚の少なさ，女性の管理職への登用や，賃金格差が依然大きいことを物語っている。女性は，総合職で入社しても離職率が高く，管理職に至るまでに退職するケースが多いうえ，女性自身が管理職を希望しないという。ベネッセの調査によると，子育てをしながら働いている常勤母親の

82.3%が「負担である」と回答している（ベネッセ2008）。子育ての負担感が管理職から女性を遠ざけているといわざるを得ない。

　働いていない母親に負担感がないわけではない。夫の協力が得られず，孤立した子育てを行っている専業主婦の方がむしろ「子育て不安」が大きいことが多くの調査から明らかであり，通説となっている。本書第1章においても同様の結果が得られた。また，終身雇用制が崩壊し，経済不況のなかで，リストラや賃金カットの可能性は低くない。前述のように，共働き世帯は片働き世帯を上回り，妻の所得が家計管理のリスクを回避しており，すでに「男性稼ぎ主」型は崩壊に向かっている。しかし，妻の就労は非正規雇用が多く，夫妻の収入格差は大きい（杉橋2007）。

　第2章でも述べたように，平成23年度全国母子世帯等調査結果報告によると，母子世帯全体の8割以上が離婚により母子世帯となっている。平均就労収入は181万円，給付金などを加えても291万円であり，児童のいる世帯の平均年収658万円の半額以下である。母子世帯になる前の母親の職業は53%がパート・アルバイト等，25%が不就業であるので，低収入は当然の結果であろう。母子世帯の親が困っていることは「家計」，子どもについての悩みは費用のかかる「教育・進学」が1位にあがっている。女性の正規雇用への再就職制度が整うことが望ましいが，現実には極めて困難な状況である。離婚による母子世帯の増加は，教育格差の拡大と深く関連している。30代後半，40代前半の離婚率は年々増加しており，このようなリスクは増え続けるだろう。これからの女性の経済的自立は，さまざまな経済的リスクを回避するためにも，必要不可欠である。少なくともキャリア・プランを立てる時点での「無職」という選択肢はあり得ないだろう。高収入の夫のもとでの優雅な生活を夢見ている若い女性には，現実の厳しさを示さなければならない。

　ワーク・ライフ・バランス（仕事と生活の調和）が実現した社会とは，「国民一人ひとりがやりがいや充実感を感じながら働き，仕事上の責任を果たすとともに，家庭や地域生活などにおいても，子育て期，中高年期といった人生の各段階に応じて多様な生き方が選択・実現できる社会」と定義されている（ワーク・ライフ・バランス憲章）。仕事と子育て両立の困難さが働き方の選択肢の制約をもたらし，少子化にもつながることから，2007年に「仕事と生活の調

和（ワーク・ライフ・バランス）憲章」・「仕事と生活の調和推進のための行動指針」が策定され，政府・地方自治体と企業が協力して取り組みを行っている（内閣府男女共同参画局 HP）。オランダでは，男女ともに短時間勤務をしやすい制度を整えたことで，男性の育児参加や女性の登用が進み，経済停滞からも抜け出せたという。ワーク・ライフ・バランスを実現し，「イクメン」を増やさない限り，経済活性につながる女性の職場での活躍や少子化の解消はあり得ないだろう。

5. 子育て支援

図 13-7 の合計特殊出生率をみると，第 1 次ベビーブーム期には 4.3 を超えていたが，1950 年以降急激に低下，その後，ほぼ 2.1 台で推移していたが，1975 年に 2.0 を下回ってから再び低下傾向となった。1989 年にはそれまで最低であった 1966 年（丙午：ひのえうま）の数値を下回る 1.57 を記録し，さらに，2005

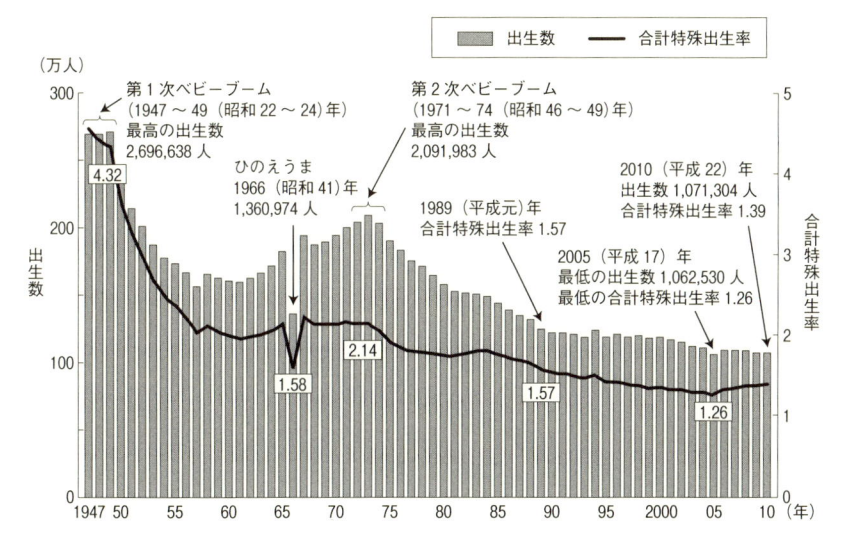

図 13-7 少子化の進展

資料：厚生労働省「人口動態統計」（2010 年）
注：1947 〜 1972 年は沖縄県を含まない。

第13章 子育てをとりまく環境

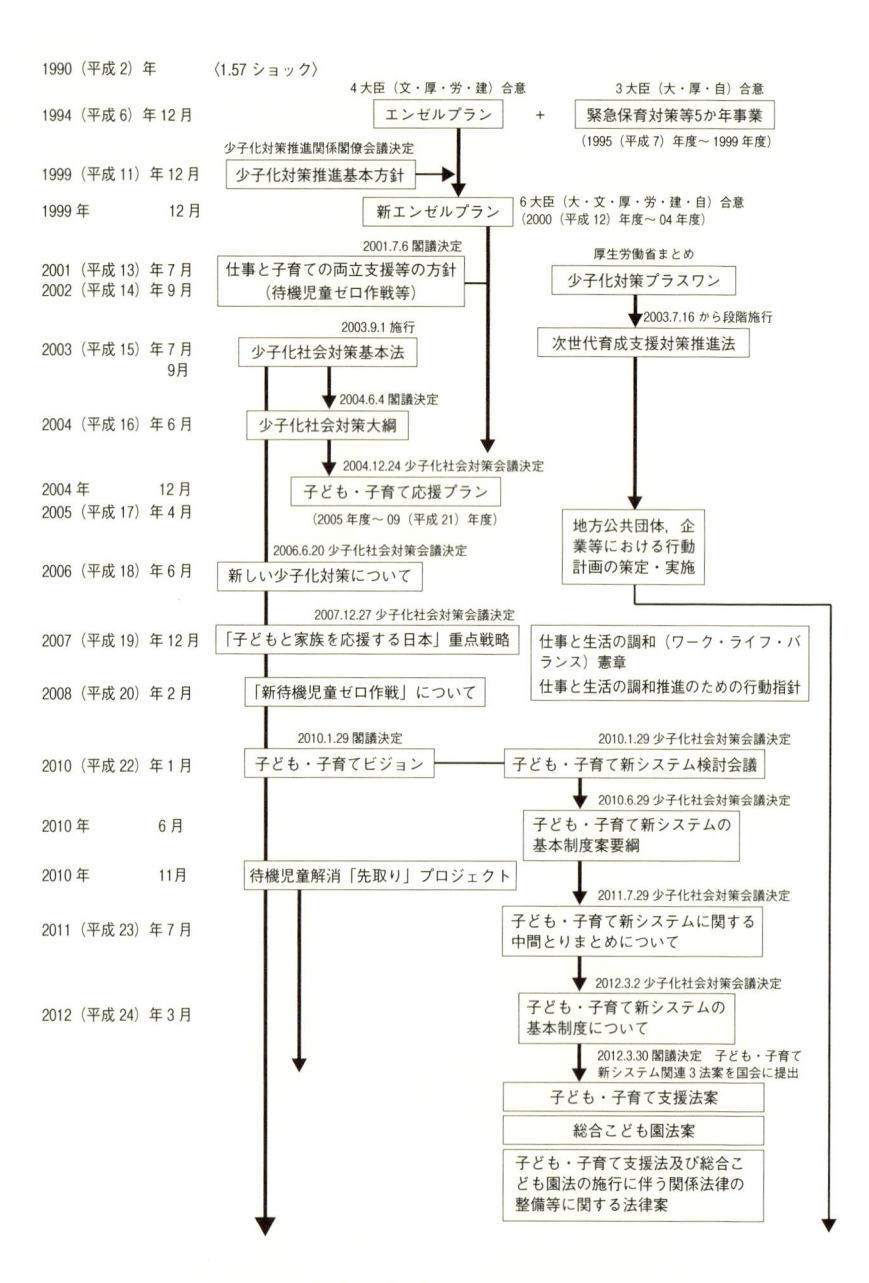

1990（平成2）年	〈1.57ショック〉	
1994（平成6）年12月	4大臣（文・厚・労・建）合意 エンゼルプラン ＋	3大臣（大・厚・自）合意 緊急保育対策等5か年事業 （1995（平成7）年度〜1999年度）
	少子化対策推進関係閣僚会議決定	
1999（平成11）年12月	少子化対策推進基本方針	
1999年　　12月	6大臣（大・文・厚・労・建・自）合意 新エンゼルプラン（2000（平成12）年度〜04年度）	
	2001.7.6 閣議決定	厚生労働省まとめ
2001（平成13）年7月	仕事と子育ての両立支援等の方針 （待機児童ゼロ作戦等）	少子化対策プラスワン
2002（平成14）年9月		2003.7.16 から段階施行
2003（平成15）年7月 　　　　　　　　9月	2003.9.1 施行 少子化社会対策基本法	次世代育成支援対策推進法
	2004.6.4 閣議決定	
2004（平成16）年6月	少子化社会対策大綱	
	2004.12.24 少子化社会対策会議決定	
2004年　　12月 2005（平成17）年4月	子ども・子育て応援プラン （2005年度〜09（平成21）年度）	地方公共団体，企業等における行動計画の策定・実施
	2006.6.20 少子化社会対策会議決定	
2006（平成18）年6月	新しい少子化対策について	
	2007.12.27 少子化社会対策会議決定	
2007（平成19）年12月	「子どもと家族を応援する日本」重点戦略	仕事と生活の調和（ワーク・ライフ・バランス）憲章 仕事と生活の調和推進のための行動指針
2008（平成20）年2月	「新待機児童ゼロ作戦」について	
	2010.1.29 閣議決定	2010.1.29 少子化社会対策会議決定
2010（平成22）年1月	子ども・子育てビジョン	子ども・子育て新システム検討会議
		2010.6.29 少子化社会対策会議決定
2010年　　6月		子ども・子育て新システムの基本制度案要綱
2010年　　11月	待機児童解消「先取り」プロジェクト	
		2011.7.29 少子化社会対策会議決定
2011（平成23）年7月		子ども・子育て新システムに関する中間とりまとめについて
		2012.3.2 少子化社会対策会議決定
2012（平成24）年3月		子ども・子育て新システムの基本制度について
		2012.3.30 閣議決定　子ども・子育て新システム関連3法案を国会に提出 子ども・子育て支援法案 総合こども園法案 子ども・子育て支援法及び総合こども園法の施行に伴う関係法律の整備等に関する法律案

図 13-8　これまでの子育て支援の取り組み（内閣府，2012）

年には過去最低である1.26まで落ち込んだ。2012年は，1.4を超えて微増傾向ではあるものの，欧米諸国と比較するとなお低い水準にとどまっている。フランスやスウェーデンは出産・子育てと就労に関して幅広い選択ができるような環境整備を行う政策が功を奏し，出生率が回復していることが知られている。

1990年の「1.57ショック」を契機に，政府は初めて出生率の低下を「問題」として認識し，仕事と子育ての両立支援など子どもを生み育てやすい環境づくりに向けての対策の検討を始め，1994年にエンゼルプランが策定された。その後の取り組みは図13-8に示すとおりである。2003年には，地方公共団体および事業主が，それぞれ行動計画を策定し，実施していくことをねらいとした「次世代育成支援推進法」，さらに，少子化社会において講じられる施策の基本理念を明らかにした「少子化社会対策基本法」が制定され，同年9月から施行された。

現在の取り組みである「子ども・子育てビジョン」では，①生命と育ちを大切にする，②困っている声に応える，③生活を支える，の3つの姿勢を踏まえ，「目指すべき社会への政策4本柱」と「12の主要施策」に従って，具体的な取り組みを進めることとしている（内閣府 2012）。

厚生労働省は，公共施設や保育所，児童館等の地域の身近な場所で，乳幼児のいる子育て中の親子の交流や育児相談，情報提供等の地域子育て支援拠点事業を実施している。また，乳幼児をもつ家庭への訪問，育児ストレス，産後うつ病，育児ノイローゼ等の問題によって，子育てに対して不安や孤立感等を抱える家庭や，さまざまな原因で養育支援が必要となっている家庭に対して家庭内での育児に関する具体的な援助を行う養育支援訪問事業を行っている。さらに，子どもの一時預りのためのファミリーサポートセンターや，就学後の児童に対しては，放課後児童クラブ（児童館）の支援も行っている。子育て支援に関しては第3章において調査結果を述べたが，子育て支援の必要な家族への情報提供に課題があることが明らかになった。身近に相談する人や子どもを預けることができる人がいない保護者は，子育てに不満や不安をもつこともわかった。公的な子育て支援の情報を得て，積極的に利用することが求められる。支援をする側は，保護者のニーズを吸い上げて，利用しやすいサービス提供の方法を検討する必要があるだろう。

コラム 子育て・家庭教育の視点

8. ピンチはチャンス？ 子どもを信じよう

　私の1人目の子は3年生のとき，頭を左右に振るひどいチック症状が出ました。学童保育の先生と算数を指導してくださっていた先生が，月曜日に，そしてその放課後になるにつれてひどくなることに気づき，当時習っていた空手が原因とわかりました。空手をやめたら症状はなくなりました。その子はいろいろな方向に「アンテナ」をはる（気を遣う）子で，祖父の勧めで始めた空手が好きではなかったけれど，祖父の期待に応えようと無理をし，本人も気づかぬうちにストレスがたまっていたのです。子どもは思った以上に大人の期待に応えようと頑張ります。チックという目にみえる形で表れたために処することができました。

　3番目の子は中学3年の夏ごろから，親と話をしないようになりました。志望していた芸術系の公立高校に入学した後は，一部の先生に強く反発し，高2の3学期からは学校を休みがちになり，遂に必修教科の不認定のために留年してしまいます。先生の勧めで単位制の高校に転校することになり，本人が希望した私立高校に通い始めました。ショベルカーの免許が取得できる職業科の単位などを登録し，初めは通っていましたが，休みがちになります。休む度に先生が自宅まで連絡してくださいましたが，単位取得は進まず，毎日造園業のアルバイトに行くようになりました。朝出かけるときには，手作りのお弁当と，夏の暑い時期でしたので，新しく買った大きな保冷用の水筒に麦茶をたっぷり入れてもたせました。秋になっても学校に行かない日が続きましたが，ある日芸術大学への進学を勧めると，自分で準備をして入試を受け，その後，高校の単位も取り終え，無事卒業，大学に入学しました。今では人が変わったように，生き生きと逞しく大学に通って制作に取り組み，頼もしい限りです。

　親がパニックになっていたら，子どもにも不安が伝わって，状態が悪化し，もしかしたら今でも問題が解決していなかったかもしれません。いずれのときも，親だけで抱えこまず，先生をはじめ，さまざまな方々に相談し，応援を求めました。お世話になった方々には，本当に感謝しています。また，私は子どもたちがこの危機を乗り越えられると信じ，大きく動揺しませんでした。それはなぜかというと，生まれる前からそのときまで，誠心誠意子どもに愛情を注いできたという自信があったからだと思います。

第14章
次世代を担う子どもたちをどう育てるか
―研究からの学び―

　子どもは次世代を担う大切な存在である。第1章から前章まで，さまざまな視点から子育て，家庭教育について考えてきた。それでは一体，子どもをどのように育てたらよいのか。本章では，ハヴィガーストの発達課題を参考にし，本書がこれまで述べた調査研究，歴史社会学的研究で明らかになった知見をおりまぜながら，乳幼児期，児童期，青年期に分けて家族・家庭の役割を述べたい。

1. 子どもの社会化

　子どもの社会化とは，動物として生まれた人間の子どもが，彼の属する社会の行動様式，生活習慣を学習し，その社会の正規の成員に仕立て上げられる過程をいう（森岡ほか1997）。子どもの社会化集団としての家族は，子ども自らが選択することができず，子どもに決定的な統制力をもつ。また，比較的固定的であり長期に継続することからも，学校集団や仲間集団など，ほかの集団よりも，子どもの社会化に重要な役割を果たすといえる。

　子どもの社会化は，社会化する主体（親）から社会化される客体（子）への働きかけと，客体（子）が主体（親）からの働きかけに対応して習得を行う両者の相互作用により成り立っている。主体からの働きかけ，および客体による習得は，意図的にも，無意図的にも行われる。主体・客体の各々が無意図的か意図的かによって，子どもの社会化は4つの形態に分けることができる（表14-1）。このなかでも，親・子ともども意図的に教え込もうとし，習得しようとする営みが「しつけ」である。親は意図的に教え込もうとするが，子どもはそれに気付かないうちに親の望む方向に向いていくことを「感化」という。また，親は意識していないが，子どもが親をモデルに生活習慣や行動様式などを身につ

表 14-1　子どもの社会化の 4 類型

		主体（親）	
		無意図	意図
客体（子）	無意図	薫化	感化
	意図	模倣	しつけ

けていくことを「模倣」，そして親も子も気付かないうちに家族の雰囲気が子どもに伝わることを「薫化」と呼んでいる。

「しつけ」とは，表 14-1 に示したように，親も子もともに意図的に教示・学習する，子どもの社会化の 1 形態である。親が子どもを一定の型に入れ，あるいは子どもの逸脱行動をコントロールして，社会規範に沿った行動が出来るようにすることであり，日常生活における基本的生活習慣，行動様式，価値・態度などを身につけるときに採用される。しつけは，その社会の文化や親のパーソナリティーによっても異なるが，子どもの発達段階によって各々の課題をもつ。以下，ハヴィガーストの発達課題（R. J. Havighurst 1972, 児玉・飯塚訳 1997）を参考にし，本書の述べた調査研究，歴史社会学的研究で明らかになった知見をおりまぜながら，乳幼児期，児童期，青年期に分けて家庭の役割を述べたい。

2. 乳幼児期の発達

乳幼児の発育には，身体の量的な変化である成長と，機能の変化である発達とがある。発達には，運動機能・呼吸機能，知能・心理まで測定が比較的困難なものが多い。発育は個人差が大きく多様である。発育の原則として，①発育は連続したものであって飛躍した現象は起こらない，②発育には一定の順序がある，③発育は一様ではなく，一定の速度では進まない，個人差，各々の機能による差がある，④発育には臨界期[註1]という決定的な時期がある，⑤発育に

(註1) 臨界期に関する見解は，研究者により異なるが，一般には，言語などの機能の習得には適した時期があるという説。

は方向性がある，⑥発育は相互作用である。

　胎児・新生児は，物まねしたり，呼びかけに反応したりする。また，声を聞き分けることが出来るといわれている。話すことや歩くことはできないが，精神的には大きな能力があることが明らかなので，出生以前から，子どもをひとりの人間として取り扱うことが大切である。

　母と子の人間関係は一人の人間が一生の間でもつ人間関係のなかで最初のものであり，子どもの出生からの相互作用によって形成されるものである。親と子どもは，親が行う抱っこ，おんぶ，語りかけなどの育児行動と，子どもが親に対して行う笑う，泣く，喃語でウーアーいうなどの行動で相互作用を行っている。このような相互作用のなかで形成された人間関係が，後の親の育児，子どもの発達に影響を及ぼすといわれている。

　乳児には「信頼感」を育てることが大切であるが，幼児期には「自立心」「社会性」の育成を視野に入れなければならない。

　幼児は自己中心的で，自我の芽生えがみられる3〜4歳ごろは第一次反抗期がおとずれる。子どもからの欲求にすべて答えるのではなく，自身で行うことが可能なことは，なるべく手を貸さずに，失敗しても自分でやらせることが好ましい。そしてできたことには「ほめる」ことも大切である。

　幼児は遊びのなかで，社会性を身につけていく。1歳ごろは遊びに一定の方向がなく，次々と変わっていく未分化な遊び，2歳ごろになると，1つひとつの遊びがまとまりをもってくるが，途中からほかの遊びにそれてしまったりする。4歳以上になると一つの遊びとして完全にまとまってくる，といったように，遊びにも発達がある。グループ行動の観点からみると，1人遊び，ほかの幼児が遊ぶのを傍観する，同じ場所で遊ぶが交流をもたない平行あそび，ほかの幼児と一緒に遊ぶ集団遊びに発達する。幼児は，仲間と楽しく遊ぶために，言葉を考え，タイミングを見計らって相手に伝えるといった初期の社会性を身につけていく。

3. 乳幼児期の発達課題と家庭における配慮

　表14-2にはハヴィガーストによる幼児期の発達課題を示した。

表14-2　ハヴィガーストによる幼児期・早期児童期の発達課題
(Havighurst 1972／邦訳1997より作成)

1	歩行の学習
2	固形食摂取の学習
3	しゃべることの学習
4	排泄の統制を学ぶ
5	性差および性的な慎みを学ぶ
6	社会や自然の現実を述べるために概念を形成し言語を学ぶ
7	読むことの用意をする
8	善悪の区別を学び，良心を発達させ始める

　「歩行」に関しては，子どもをさまざまな場所に連れだし，運動させることが，発育につながる。また，「しゃべること」は前述のように，新生児の頃から，絶えず親子のコミュニケーションをとることが重要である。コラム（子育て・家庭教育の視点「4. 好きこそものの上手なれ」105ページ）でも述べたように，乳幼児の発育は個人差が大きい。歩行や言語の習得もその例外ではなく，あせらず見守ることが必要である。

　第11章に「手作り離乳食」を食べさせようとがんばり過ぎる母親が，完璧に出来ずに傷ついてしまうことを報告した。市販のものを使うことが「愛情不足」ではないことを知ってほしい。「性差・性的な慎みを学ぶ」とは，性器に関心を向けるようになる時期であるので，男女の身体の構造の違いを知り，性器を隠すことを学ぶ，というものである。

　「社会や自然の現実を述べるために概念を形成し言語を学ぶ」こと，また，「読むことの用意をする」ために，特別な教材を用意したり，幼児塾に通わせることは，必要なことではない。第Ⅰ部の幼児をもつ保護者を対象とした調査では，幼児向け通信教材を利用する者が多い一方，子どもと一緒に図書館や動植物園・水族館，美術館・博物館などにいく頻度が低いことが明らかになった。子どもに多くのことを体験させ，好奇心を抱かせることが言語の発達や後の学習の準備にもつながっていくのである。

　「善悪の区別を学び，良心を発達させ始める」ことは，前節で述べた「遊び」のなかで，ほかの子どもとのかかわりをとおして身につけていく。親や保育者は積極的に子どもどうしの交流を促す必要がある。また，表14-1に示した子どもの社会化の4類型のうち，「模倣」の働きが強いだろう。親自らが日ごろか

ら公衆道徳を守り，弱者を保護するなどの適切な行動や態度をとることが肝要である。

　第Ⅰ部で報告した調査では，夫と子育てについて相談したり，身近に子どもを預けることが出来る人がいることが，子育てに対する不満や不安を軽減することが明らかになった。夫婦，家族で協力して，ときには公的な子育て支援を利用しながら，自分1人で抱え込まないことが，望ましい子育てにつながっていく。

4. 児童期の発達

　児童期の身体的発達は，乳児期や中学校期に比較すると緩やかな発育である。しかし，呼吸器，循環器などの諸器官が機能向上する時期である。したがって，機能向上のための刺激となるような身体活動が必要である。そのためには，基礎体力発達のための身体活動，例えば，縄跳び・鬼ごっこなど体を動かす遊びを多くすることが望ましい。これは前節に述べた「臨界期」にもあてはまるものである。この時期体を動かすことで丈夫な身体を形成することが，出来るともいえる。

　性的には緩やかな発育である。しかし，初潮・胸のふくらみ・発毛などがこの時期におこる子どもが増え，性的発達の低年齢化がみられるので注意が必要である。性に関する疑問や関心・興味から多様な遊び，例えば，スカートめくり，お医者さんごっこ，落書きなどをする時期である。頭ごなしに叱るのではなく，注意して見守ることが望まれる。

　社会性としては，他人や集団のなかで適切に行動できることを身につける時期である。すなわち，社会規範や価値を尊重し，協調性をもって行動することである。そのためには，自己抑制と同時に，自分の意思・欲求を相手に理解させる自己主張の能力，コミュニケーション力を身につけることが必要となってくる。したがって，この時期，同輩集団での遊びや活動・異年齢との交流が欠かせない。

　ギャング集団とは以下のような特徴をもつ集団である。①隣接した地域に居住し，②人数は7，8人から10人，③主として同性の集団で，④異年齢の子ど

もで構成されており，⑤その集団なりの遊びの文化をもって，⑥集団内でそれぞれの子どもが役割をもつ子どもの自治組織である。

　子どもはこのギャング集団のなかで活動することで，継続的に楽しく遊ぶために，弱い子ども・幼い子どもをいじめない，ルールに従うなどの人間関係における行動様式，自己抑制，自己主張，けんかを通したトラブル処理能力などを身につけていく。

5. 児童期の発達課題と家庭における配慮

　表14-3にハヴィガーストによる中期児童期の発達課題を示した。ハヴィガーストのいう中期児童期とは「6歳頃から12歳頃」である。

　児童期は，家庭のほかに学校，仲間集団の占める役割が大きい。親は子どもの通う学校，友だちとの適切な関係を保ち，子どもがそれらの集団のなかで多くのことを学ぶことができるように配慮することが必要である。

　前節に述べたように，児童期にとっての「遊び」は，身体的発達のみならず，社会的発達にも大きな影響を及ぼす。ハヴィガーストのいう「身体的技能」「健全な態度」「同年代のものとやっていく」ことは，主に遊びのなかで学ぶものである。第4章で述べたように，現代の子どもたちは，集団遊びをする頻度が低く，少ない人数で，しかも，テレビゲームなどを使うことが多くなっている。コミュニケーション能力，人間関係を構築する能力が減少していると指摘されるのは，情報化に加えて，遊びの変化が要因の一つであろう。

表14-3　ハヴィガーストによる中期児童期の発達課題（Havighurst 1972／邦訳1997より作成）

1	通常の遊びに必要な身体的技能を学ぶ
2	成長しつつある生態としての自分に対する健全な態度を身につける
3	同年代のものとやっていくことを学ぶ
4	男女それぞれにふさわしい社会的役割を学ぶ
5	読み書きと計算の基礎的技能を発達させる
6	日常生活に必要なさまざまな概念を発達させる
7	良心，道徳心，価値尺度を発達させる
8	個人としての自立を達成する
9	社会集団や社会制度に対する態度を発達させる

次に，ハヴィガーストは1972年に「男女それぞれにふさわしい社会的役割」を課題の一つにあげたが，ここでは，むしろ「男女が協力して生活していかなければならないことを学ぶ」と置き換えたい。第7章では，子どもが家族のための比較的手間のかかる家事を行う頻度の高い子どもは，男女関係なく道徳心，責任感，正義感が強いことが明らかになっている。家事労働は，男女が協力して家庭生活を営むことに加え，ハヴィガーストのいう「日常生活に必要なさまざまな概念を発達させる」「良心，道徳心，価値尺度を発達させる」「個人としての自立を達成する」ことにもつながる。子どもに決まった家事労働を習慣化させることは，基本的生活習慣確立の助けにもなる。「読み書き計算の基礎的技能を発達させる」ことは重要であるが，仲間と「遊ぶ」時間が確保されなかったり，夜型生活となり基本的生活習慣が乱れると，勉学に支障をきたすことにもなりかねない。健全な身体・精神があってこそ知的発達が果されるのである。

　また，テレビ視聴は基本的生活習慣の乱れと結び付けて論じられることが多い。しかし，第5章で述べたように，小学生のテレビ視聴に関して，テレビへの依存は道徳心に課題がみられたが，テレビに熱中することも含めて，むしろ友だち関係にプラスの方向で影響を及ぼすことが明らかとなった。テレビ視聴は子どものコミュニケーションの有効なツールとして働いているので注意したい。

　子どもの金銭感覚を養うことは「社会生活や社会制度に対する態度を発達させる」ことの一つである。第6章では，高価なモノを我慢させないで買い与えたり，ルールを伴わない金銭の与え方が子どもの金銭感覚の育成にマイナスの影響を与えることがわかった。小学校高学年は金銭感覚の形成にとって大切な時期であることも明らかとなり，家庭は学校と連携して金銭教育を行う必要がある。

6. 青年期の発達課題

　中学校期の身体の発達では，大きな身長の伸びがみられる。しかし，身長の伸びは個人差が大きく，あせりや劣等感の原因となる場合がある。また，体力

や運動能力も大きく発達する。クラブ活動などで，運動能力を向上させる時期である。身体発達の状況，運動能力は，他者からの人物評価・自己評価にもつながるので注意が必要である。

性的には，児童期のおわりに主として性ホルモンの働きから男女それぞれに身体的変化が生ずる第2次性徴がみられ，女子は初潮，男子は精通現象が訪れる。家庭において，適切な性教育を行うことも必要になる。

その他の機能としては，認知・思考力が著しく発達する時期である。抽象的論理的思考は，記憶・言語の発達を背景とする。言語の発達は人とのコミュニケーションと同時に，思考力の基礎ともなるので，読書や文章を書くことは，これまで以上に大きな意味をもってくる。また，成長に伴って，行動規範・価値観をもつことが必要となってくる。既成の価値や現実の再検討を経て，自分の意識を確認し，異なる価値観を認めなければならない。多くの人的交流を行い，各々の価値観を知ること，また，多様な情報から，適切な情報を取捨選択する能力なども，育成していかなければならない。

思春期は，身体や精神面だけでなく，家族とのかかわり方も変化するので，子どもが不安定になりやすい時期である。親に反抗的になったり，親離れをし始めたり，また親子間だけではなく，夫婦間の問題も顕在化しやすい時期でもある。子育て（しつけ・勉強・進路・就職など）に関する意見の相違や気持ちのすれ違いなどから離婚する夫婦も少なくない。両親の仲の悪さに悩む子どももいる。思春期の子どものいる家庭は，親子だけではなく，夫婦も含めて，家族の関係がギクシャクして「よりよい関係づくり」が難しい時期といえる。

7. 青年期の発達課題と家庭における配慮

表14-4にハヴィガーストによる青年期の発達課題を示した。ここでいう「青年期」とは，「12歳から18歳」である。

この時期は学校や社会において学ぶことの比重が増加し，親が子どもに教え込むことは減る。親はモデルとして姿勢を示すことが多くなる。「男女が協力して生活を営む（男性あるいは女性の社会的役割を身につける）」「結婚と家庭生活の準備」「職業に就く準備」「価値観や倫理体系」「社会的に責任ある行動」

表 14-4　ハヴィガーストによる青年期の発達課題（Havighurst 1972／邦訳 1997 より作成）

1　同年代の男女と新しい成熟した関係を結ぶ
2　男性あるいは女性の社会的役割を身につける
3　自分の体格をうけいれ，身体を効率的に使う
4　親やほかの大人たちから情緒面で自立する
5　結婚と家庭生活の準備をする
6　職業に就く準備をする
7　行動の指針としての価値観や倫理体系を身につける
8　社会的に責任ある行動を取りたいと思い，またそれを実行する

については，親が日常生活における行為・行動のなかで示すべきものである。まさに子どもは親の背をみて育つ。そのなかで，性教育は家庭における「しつけ」の一つである。高校生女子の性交経験は 1999 年から 2005 年の間に 6％上昇して 30％となり，男子を上回った（日本性教育協会 2007）。子宮頸癌など性交渉を背景とした病気も増えている。「同年代の男女と新しい成熟した関係を結ぶ」こと，具体的には節度ある交際や避妊の方法を子どもに教える必要があろう。この時期の子どものしつけは，親子関係が大きく影響する。両親の夫婦仲がよい大学生は，母親，父親の両者とも仲がよく，家族がまとまっていると考えること（宇都宮 1999）を第 12 章で報告した。

また，第 8 章において，朝食・夕食を家族一緒に食べること，朝食・夕食の雰囲気，家事参加と自尊感情との間に関連がみられた。家族一緒の食事をし，食事の雰囲気が楽しく，家事参加の頻度が高い方が，自尊感情が高いことが明らかになった。これらの項目はすべて家族のコミュニケーションと関連があり，家族コミュニケーションが子どもの自尊感情を高めることが示唆された。「自分の体格を受けいれる」「情緒面での自立」には，この自尊感情が重要な役割を果たす。忙しい毎日のなかでも，可能な範囲で家族コミュニケーションをとることを心がけたい。

また，子どもの発達は，胎児期・乳児期・幼児期・児童期・青年期の積み重ねである。乳幼児期から精一杯の愛情をもって子どもと接することが児童期・青年期の子どもの発達にも反映されることを忘れてはならない。

終章
子どもたちに平和な世界を残すために
―戦争の真実を伝える―

　私たち日本人は，1945年以来今日に至るまで，戦争のない平和な暮らしを送ってきた。68年間の戦争のない生活のなかで，ややもすると平和の有難さを忘れがちになるが，世界に戦争が絶えた時期がないことからもわかるように，平和は決して当たり前のことではない。われわれ1人ひとりが戦争の惨さや空しさを知り，意識的に戦争回避に努めない限り，平和は実現しない。最近，国会で憲法第96条改正の動き（その先に第9条改正の意図が見え隠れする）が議論されている。実際に憲法改正の手続きが進むと，最終的には国民投票に付せられることになる。

　戦争の真実を「知る」と「知らない」とではものの見方・価値観・人間観に大きな差異が生じる。戦争の真実を知るということは極めて重要なことであり，また憲法問題にどう向き合うべきかを考える意味においても不可欠である。

　今年も6月23日，太平洋戦争における沖縄戦が終結した「慰霊の日」に沖縄全戦没者追悼式が行われた。琉球新報の調査によると，この日を正しく認識している県内の高校・大学生は76％であったという。75.3％の高校社会科教員が沖縄の歴史を「教えられていない」と回答していることから，沖縄戦の継承が難しくなったことを伝えている（琉球新報2013年6月22日）。

　著者の指導教授である謝名堂昌信先生（京都女子大学名誉教授，熊本県阿蘇在住）は沖縄県のご出身で，幼少のときに沖縄戦を体験しておられる。先生にお願いして「戦争体験・戦争への思い」について書いて頂いた。これは，脚色のない体験実録であり，末尾の「付記」には「戦争とは何か」についてユニークな論が展開されている。

　子どもたちに平和な世界を残すためには，まず「戦争の真実」を知らなければならない。「戦争の真実」を伝える貴重な資料として，謝名堂昌信先生の玉稿をもって，終章にかえたい。

十歳の悪夢「沖縄戦」

謝名堂昌信

　米軍は1945年4月1日に沖縄本島中部西海岸の嘉手納・北谷に上陸，2日後には東海岸に進出し，本島を南北に二分した。北部はほとんど抵抗なしに4月19日には完全に制圧され，北に避難した住民の殆どは早い時期に難民として収容されたが，米軍の説得に応じずにジャングルにとどまった人たちの多くは飢餓に倒れた。一方，南部での戦いは熾烈を極め，被害も甚大だった。米軍の上陸地点から南西に約12kmに位置する中城村に住んでいた私たち一家（祖母，母，2人の兄，当時10歳の私，2人の妹と1歳の弟）は，当初，米軍の猛烈な艦砲射撃を避けて，村の北側丘陵地の壕にほかの近隣の村人と共に避難していた。15歳以上の若い人たちはもとより，元気であれば年寄りも防衛招集の名で動員されたので，避難する家族の多くは子どもとその母親および祖母からなる心細い集団で，そのことが後述の悪夢のような地獄図の因になるのである。

　上陸後の米軍の進攻は急で，2，3日もすると艦砲射撃に加えて太鼓の速打ちのような機関砲の音が身近に迫ってきたので，私たちは駆けるように南（首里）の方へ逃れたのであるが，その直前に近くに着弾した砲弾で何人かが死傷し，そのなかに足に重傷を負った顔見知りの少年（14歳）がいた。彼の怪我は子どもの目にも致命的で，二度と目をあてることが出来なかった。彼の母親は彼をひとり壕に残し，幼児を負ぶってほかの小さな3，4人の子どもを引き連れて逃げる以外に為す術がなかった。後で聞いたところでは彼の足は布でぐるぐる巻かれ，側には少量の水と食べ物が置かれてあり，……彼は小さい声で泣いていたという。恐らく想像を絶するような恐怖と苦痛が彼を襲ったにちがいなく，私はその凄惨な地獄図を思う度に戦争を殊更に呪い，ヒューマニズムなるものに絶望するのである。彼の母親は戦後間もなく亡くなったが，思えば彼女も地獄の責苦に苛まれ続けたにちがいなく，それを思う度に胸が痛む。

　2日後，なお首里（日本守備軍の要塞）へ移動中に，空からの無差別機銃掃射で腹部に致命傷を負ったのは2歳上の私の遊び友だちだった。呼吸する度に血が噴出していた。彼はサトウキビ畑のなかにひとり残され，顔面蒼白だった。

彼もまた生きながらにして地獄を見たにちがいない。私は，子供ながらも，彼が早く息を引き取ることを願った。彼の母親は戦禍を生き抜くことはできなかったが，それはむしろ救いだったのかも知れない。

　首里の丘陵地帯には1月以上とどまった。絶え間ない砲撃のなか，無数の遺体を跨ぎつつ，凄まじい爆裂音と雨とマラリアと飢えに苦しみながら，あろうはずもない安全地帯を求めてさ迷い続けた。魂の抜け殻のようになっていた私だが，母の背に負われた弟のやせ衰えた姿は余りにも無残で悲しく，不条理な境遇を呪い続けた。栄養失調で極度に衰弱し，泣くことすらできなかった弟は後に難民収容所で息を引き取った。

　5月の終わり頃には首里の守備軍は組織的な戦闘力を失い，本島南端の摩文仁への撤退を開始した。家屋はもとより草木までもが凄まじい「鉄の雨」と「鉄の暴風」で木っ端微塵に打ち砕かれ，すべてが跡形もなく抹消された裸の平地を軍と共に移動する無防備の住民は，米軍の無差別の砲撃と機銃掃射にさらされて多くのものが命を落とした。3日間の移動中の死者は民間人の犠牲者数を著しく押し上げたという。その頃の私は心身の極度の消耗でほとんど感覚麻痺の状態にあったが，そういうなかでも生涯忘れることのできない光景を見た。幼児を負ぶって血溜まりのなかにへたりこんでいる中年の母親——彼女の右わき腹には爆弾の大きな破片が深くくい込んでいた——が「この子をたのむ，この子をたのむ」と必死に訴え続けていた。しかし，誰もそれに応える余裕などなかった。その光景が私の脳裡に焼きついて離れない。

　思いもつかぬことだったが，かつては摩文仁の小さな一部落と思しい境域の所々に，僅かに残っていた石垣の陰に3歳くらいの女児が立っていた。白っぽいワンピースにはところどころに血が滲んでいて，顔にも痣のように点々と血がついていた。人々は雨のように降り注ぐ弾丸を避けて石垣の陰に身を伏せたりしていたが，その子は妙に落ち着いていて，黒い目でじっと正面を見て立っていた。その子を保護する余裕など誰にもなかった。68年経った今も何かの拍子にその光景がかすかな罪悪感を伴って蘇り，その子があの後どうなっただろうかと幾度となく思うのである。無事であれば70歳くらいになる。

　南部の日本軍も米軍の圧倒的な戦力に掃討され，6月23日沖縄戦は終結した。犠牲者は20万人に上り，そのうちの15万人は民間人で，それは当時の人

口 (60万人) の4分の1に相当した。私たちは最南端の喜屋武岬で米軍の捕虜になり、トラックで北部の難民収容所に移された。収容所ではほとんど毎日のように筵で覆われた死体が手作りの担架で共同墓地に運ばれた。そのほとんどが餓死だった。私たち一家は奇跡的に全員が無傷で戦禍 (4分の1の死の確率) をくぐり抜けてきたが、父は戦死、弟は栄養失調で亡くなった。ある朝、収容所の簡易宿泊所の一画で目を覚ますと、母が弟を抱いたまま身じろぎもせず、宙の一点を睨むように座りこんでいた。異様に思っていたら、長兄が「昌俊が死んだ」と呟くように言った。母は昼近くまで弟の亡骸を抱いていた、その情景が忘れられない。その母も阪神大震災の前日に85年の苦労の生涯を閉じた。

　10歳の私がおかれていた陰惨な状況——絶え間ない爆裂音、身近で死んでいく人々の断末魔の叫び、常につきまとう死の恐怖、降り続く梅雨のなかでのマラリヤと飢えの苦しみ、衰弱しきった弟の姿を見る苦痛——は脳裡に生々しく焼き付けられて私にトローマのような後遺症を遺しているが、それを文章に置き換えると途端に抽象化されてしまうのである。思うに、戦争の残酷さや悲惨さは筆舌に尽くせるものではなく、実際のインパクトを伝えることは不可能である。この拙文も私が受けた悲惨な衝撃の百分の一も伝え得ているとは思えない。10歳で残酷な戦争を実体験した私は、如何なる状況下にあっても、戦争に繋がる可能性のある如何なる動きにも加担することは、万が一にも、有り得ない。しかし、戦争を知らない世代の人たちは、この敗戦についての通り一遍の教育や語り伝えでは、《恐いもの知らず》の域を出ることはなく、一方、戦勝者の側では《怖いもの無し》の意識が高揚し、両者は自ずと戦争のサイクルをつくり出すのである。つまり、《戦争を体験しない限り、戦争の残酷さや空しさを骨身にしみて実感することはできない》というジレンマに陥ってしまうのである。くり返しのきかない、あるいはくり返してはならない体験 (戦争体験) はほかの文化や技術と違って、正確に受け継がれるものではないからである。とはいえ、「仕方がない」で済まされることではもちろんない。諺に「微塵を積みて山となす」・「千里の行も一歩より起こる」とあるように、さまざまな形で反戦意識を反復喚起し、多くの人が至高の目標としての《不戦》の重要性を共感するよう努力を重ねる以外にないのではないか。それは決して容易なことではない。戦争回避がいかに大きなエネルギーを要する難題かを今にして思うので

ある。

付記

　人間にとって戦争とは何だろうか。「人はなぜ戦争するのか」・「人はなぜ戦争を止められないのか」という問いは，さまざまな分野（考古学，人類学，心理学，生物学，宗教，哲学など）における古くて新しい課題である。アインシュタインの「兵役拒否の勧め」やガンジーの「非暴力主義」も戦争を阻止することはできなかった。1930 年，平和運動家としても知られるアインシュタインはアメリカを訪問した際に「全ての国で，兵役に指名されたものの2%がそれを拒否すれば，政府は戦争する力を失う。なぜなら，どの国もその2%の人たちを収容する刑務所を持てないからだ」と演説し，若者たちの熱狂的な支持を得た。しかし，後にアインシュタインはシオニズム（ユダヤ国家再建運動）の立場から対ナチス戦争支持に転じた。インドの独立運動指導者ガンジーは「非暴力，非服従」の抵抗を貫き，インドをイギリスの植民地支配から独立させるという偉業をなしとげたが，「非暴力主義」は大衆に浸透せず，その後印パ分裂に次いで印パ戦争が起きた。印パ両国は今では核保有国にすらなってしまった。思うに，人の心に訴えかけるより，むしろ人の遺伝子に働きかけることによって戦争を遠ざける可能性が開けてくるのではないか。

　ある個体の遺伝子――もっぱらそれ自体の存続を計る強い利己性を備えている（利己的遺伝子説）――にとって，その個体の子どもや孫がそれぞれの子どもを生む前に死ぬことは受け入れがたいことである。なぜなら，子どもや孫の死はその親個体の遺伝子の断絶に他ならないからである。遺伝子は本来殺戮行為を伴う争い（戦争）を忌避する性質をもっている。すべての動物に共通の原始的な攻撃性は，遺伝子の利己性から派生する生得的な性質であるが，それはそれぞれの遺伝子の存続（種の保存）のための「縄張り争い」レベルの攻撃性である。縄張りに侵入するものとそれを阻止するものとの争いで，普通，どちらかが退散することで決着し，殺戮行為に及ぶことはない。しかし，人間の脳はもともと遺伝子がデザインした以上に自己増殖的に発達し，原始的な攻撃性を殺戮行為にまで凶悪化させたと考えられている。戦争は脳が後天的に覚えた行為であり，本来遺伝子には設定されていない行為，むしろ遺伝子の性向に反

する行為である。遺伝子と脳は親子関係というより対立関係にあると考えられている。

　ある個体が，戦争を排除して，（すでに生殖機能を果たした自分自身はともかくとして）自分の子どもや孫の存続を確実にし，見届けようとする自然な行為，あるいはそうしようとする潜在意識は，その個体の遺伝子の性向（己の存続を計る強い利己性）に基づくものだと考えられる。そういう意味では，誰しも「戦争を排除したいという潜在意識」をもっているはずであり，それをいろいろな形で刺激し，喚起することが戦争回避に繋がると思うのである。今を生きる私たちが，次世代・次々世代のことを常に意識の中心に置けば，そしてしかるべき人たちがしかるべき場面でくり返しそうすることの重要性を説けば，戦争を遠ざけ，環境破壊を抑制することができるのではないか。目先の便利さや豊かさだけを追求せずに子々孫々の平和な暮らしに思いを致しつつ現代をいきることこそ遺伝子と個体（脳）が折り合いをつけた《生物学的にバランスのとれた生き方》である。現今の脳任せ（文明偏重）の生き方は戦争を一段と凶悪化させているだけでなく，さまざまな無理を生み出し，その結果，地球は《トイレのないマンション》と化しつつある。人類は大自然のなかの一動物に過ぎないことを忘れてはならない。すべての生き物の共有地である地球を「共有地の悲劇」（G.ハーディン）の場にすることは許されない。

主な参考文献
『わたしの非暴力 1，2』　M・ガンジー　森本達雄訳　（みすず書房，2010年）
『利己的な遺伝子』　R・ドーキンス　日高敏隆他訳　（紀伊国屋書店　2010年）
『和解する脳』　池谷裕二・鈴木仁志　（講談社　2010年）
『進化しすぎた脳』　池谷裕二　（講談社　2010年）
『動物に心はあるだろうか？　始めての動物行動学』　松島俊也　（朝日学生新聞社　2012年）

文　献

第1章
ベネッセ教育研究開発センター 2008「第3回子育て生活基本調査（幼児版）」
牧野カツコ 1982「乳幼児をもつ母親の生活と〈育児不安〉」『家庭教育研究所紀要』3, 34-56
牧野カツコ 1988「〈育児不安〉の概念とその影響要因についての再検討」『家庭教育研究所紀要』10, 23-31
手島聖子, 原口雅浩 2003「乳幼児健康診査を通した育児支援：育児ストレス尺度の開発」『福岡県立大学看護学部紀要』1, 15-27

第2章
神原文子 2004「離婚母子家庭の自立条件」神原文子編『家族のライフスタイルを問う』勁草書房, 159-178
神原文子 2006「ひとり親家族の自立支援と女性の雇用問題」『社会福祉研究』97, 鉄道弘済会, 50-58
神原文子 2007「ひとり親家族と社会的排除」『家族社会学研究』18-2, 11-24
神原文子 2008「NPO法人　しんぐるまざあず・ふぉーらむの実践から（その1）」『家族関係学』27, 3-9
神原文子 2010『子づれシングル　ひとり親家族の自立と社会的支援』明石書店
厚生労働省 2006「平成18年度全国母子世帯等調査結果報告」
本村めぐみ 2008「研究活動委員会報告　各自治体調査における「自由記述回答」の結果から」『家族関係学』27, 33-38
室雅子 2008「研究活動委員会報告　地方自治体における支援策」『家族関係学』27, 27-31
中野冬美 2008「NPO法人　しんぐるまざあず・ふぉーらむの実践から（その2）」『家族関係学』27, 11-15
表真美 2011「ひとり親家族の家庭教育と子育て」『京都女子大学発達教育学部紀要』7, 1-8.
澤田充 2008「熊本市におけるひとり親家庭への支援について」『家族関係学』27, 17-21
竹村祥子 2009「子育ての二極化の問題点はなにか」『家族社会学研究』21-1, 57-60
湯澤直美 2009「貧困の世代的再生産と子育て―ある母・子のライフヒストリーからの考察」『家族社会学研究』21-1, 45-56

第3章
安藤智子, 荒牧美佐子, 岩藤裕美, 丹羽さがの, 砂上史子, 掘越紀香 2008「幼稚園児の母親の育児感情と抑うつ：子育て支援利用との関係」『保育学研究』46（2）, 99-108

日下部典子 2012「子育て支援事業利用者のメンタルヘルス―保育所利用者と比較して―」『福山大学心の健康相談室紀要』6, 63-72
表真美 2011「ひとり親家族の家庭教育と子育て」『京都女子大学発達教育学部紀要』7, 1-8.

第4章
国立女性教育会館 2006『家庭教育に関する国際比較調査』
文部科学省 2008『子どもの学校外での学習活動に関する実態調査報告について』
文部省 1999『子どもの体験活動等に関するアンケート調査の実施結果について』

第5章
ベネッセ教育総合研究所 2004「第一回子ども生活実態基本調査」
橋元良明 1999『映像メディアの展開と社会心理』北樹出版, 71-72
海後宗男 1999『テレビ報道の機能分析』風間書房, 31-32
神川康子・有倉祥子 2005「睡眠習慣と反射指摘活動性に関する研究」『富山大学生涯学習教育研究センター年報』7, 25-35
カーリン・ノイシュツ/寺田隆生訳 2000『テレビを消してみませんか?―シュタイナー幼児教育の遊ばせ方』学陽書房
子どものテレビの会編 1981『テレビと子ども―どう見ているか! どう見せるか』学陽書房
文部科学省 2006「子どものメディア接触と心身の発達に関わる調査・研究」
無藤隆 1987『テレビと子どもの発達』東京大学出版会
日本放送協会 2005「国民生活時間調査」

第6章
藤田英典 1991『子ども・学校・社会「豊かさ」のアイロニーの中で』東京大学出版
福原正也編 1991「金銭感覚」『モノグラフ・小学生ナウ』第10巻, 福武書店
福武書店教育研究所編 1985「こづかい」『モノグラフ・小学生ナウ』4-10
稲増龍夫監修 1995『季刊子ども学 消費社会と子ども』ベネッセ
岡野雅子 1992「子どもの金銭感覚の発達 (第2報)」『日本家政学会誌』43 (2), 745-758
田結庄順子, 柳昌子, 吉原崇恵, 中屋紀子, 牧野カツコ 1992「児童・生徒・大学生の消費実態と学校における消費者教育の今後の課題に関する研究 (第2報) (第3報)」『日本家政学会誌』43 (8), 827-835

第7章
AERA 1998「家事しない子供たち―雑巾さわらず足でふく/教室の掃除に「いくらくれる」」Vol.11 No.40, 6-8
ベネッセ教育研究所 1995『モノグラフ・小学生ナウVol.15-6』

ベネッセ教育研究所 1994『第4回国際比較調査・家族の中の子どもたち　モノグラフ・小学生ナウVol.14-4』
福武書店教育研究所 1984『モノグラフ・小学生ナウ　手伝い　Vol.4-5』
堀内かおる 1991「児童・生徒の生活時間構造と家事労働参加―東京都世田谷区在住児童・生徒の調査をもとに」『昭和女子大学大学院生活機構研究科紀要』1, 99-110
茨城県教育委員会「お手伝い・ボランティア奨励事業」
　　http://www.edu.pref.ibaraki.jp/board/syogai/katei/otebora.html
伊藤セツ 1990「家事労働の定義」『家政学事典』朝倉書店, 195
松田歌子, 関口紀子, 西出伸子 1994「小学生の家事手伝い〈第1報〉食生活領域」『文教大学教育研究所紀要』3, 52-59
文部省 1993『学習塾等に関する実態調査』
文部省 1999a『子どもの体験活動等に関するアンケート調査』
文部省生涯学習審議会答申 1999b『生活体験・自然体験が日本の子どもの心をはぐくむ―「青少年の［生きる力］をはぐくむ地域社会の環境の充実方策について」』
日本PTA全国協議会 1997『学習塾に関するアンケート調査報告書』
落合恵美子 1997『21世紀家族へ　家族の戦後体制の見かた・超えかた』有斐閣
総務省 2012『社会生活基本調査』
辰巳理恵子, 木田淳子 1999「中学生の家事労働とself-esteem」『生活文化研究』39, 1-28
Yanagi, M. and Contreras, C. M. 1993 "Children's participation in household tasks in Fukuoka and Manila"『福岡教育大学紀要第5分冊』42, 95-115
UNDP連合開発計画<http://www.undp.org/>
宇佐美佳枝, 菊池るみ子, 深田祐規子 1993「小学校における家庭科教育の意義―児童の家事参加に関する調査を通して」『高知大学教育学部研究報告第1部』46, 128-138

第8章

中央教育審議会 1998「新しい時代を拓く心を育てるために（答申）」
中央教育審議会 2004「食に関する指導体制の整備について（答申）」
Cooper, E. 1986 Chinese table manners: You are how you eat. *Human Organization* 45 (2): 179-184
Eisenberg, M. E., Nuemark-Sztainer, D., Fulkerson, J. A., and Story, M. 2008 Family meals and substance use: Is there a long-term protective association? *Journal of Adolescent Health* 43 (2): 151-156
平井滋野, 岡本祐子 2001「食事中の会話からみる家族内コミュニケーションと家族の健康性および心理的結合性の検討」『家族心理学研究』15 (2), 125-139
平井滋野, 岡本祐子 2005「小学生の父親および母親との心理的結合性と家庭における食事場面の諸要因の関連」『日本家政学会誌』56 (4), 273-282
井上忠司 1999「食事空間と団らん」井上忠司編『講座食の文化　食の情報化』農山漁村文

化協会, 104-119
河合隼雄 2003『縦糸横糸』新潮社, 212
川崎末美 2001「食事の質, 共食頻度, および食卓の雰囲気が中学生の心の健康に及ぼす影響」『日本家政学会誌』52, 923-93
国立女性教育会館 2006『家庭教育に関する国際比較調査報告書』
小西史子・黒川衣代 2000「親子のコミュニケーションが「心の健康度」に及ぼす影響」『日本家政学会誌』51（4）
厚生省 1999『平成11年度版　国民栄養の現状—平成9年国民栄養調査成績』
黒川衣代, 小西史子 1997「食事シーンから見た家族凝集性：中学生を対象として」『家族関係学』16, 51-63
文部科学省 2002『心のノート』
文部科学省 2004『家庭教育手帳』
Neumark-Stztainer, D., Wall, M., Story, M., and Fulkerson, J. A. 2004 Are family meal patterns associated with disordered eating behaviors among adolescents? *Journal of Adolescent Health* 35（5）:350-359
Nicole, I. L., Neumark-Stztainer, D., Hannan, P. J., and Story, M. 2004 Family meals during adolescence are associated with higher diet quality and healthful meal patterns during young adulthood. *Journal of the American Dietetic Association* 107（9）: 1502-1510
表真美 1992「食生活と家族関係—食事の共有について」『家庭科学』58（4）, 66-72
表真美 1997「家族の統合に関する研究—夕食の共有との関連を中心に—」『京都女子大学教育学科紀要』37, 59-69
表真美 2006「家庭科が教えてきた〈食卓での家族団らん〉：戦後教科書から」『京都女子大学発達教育学部紀要』2, 43-49
斎藤学, 久田めぐみ 2000「「一家団欒信仰」を捨てよ」『婦人公論』86（1）, 36-39
坂本佳鶴恵 2002「メディアにおける〈家族〉イメージ」広田照幸編『教育のエポケー〈理想の家族〉はどこにあるのか？』教育開発研究所, 78-86
Snow, C. E. and Beals, D. E. 2006 Mealtime talk that supports literacy development. *New Directions for Child and Adolescent Development* 111:51-66

第9章

千葉徳爾, 大津忠雄 1987「間引きと水子—子ども達のフォークロア」農山村文化協会, 55（6）, 479-492
平塚志保, 良村貞子, 和田真一 1998「着床前遺伝子診断に内在する医学的・倫理的諸問題」『北海道大学医療技術短期大学部紀要』11, 9-18
飯島理八・曽野綾子 1986「「男女産み分け」は冒涜か？」『文芸春秋』64（8）, 264-274
石田あゆう 1998「大正期婦人雑誌読者にみる女性読書形態—『主婦之友』にみる読者像」

『京都社会学年報』6, 163-180
小谷真吾 2002「日本における性選好の傾向とその要因—愛知県及び神奈川県の産婦人科医院における事例分析」『地域政策研究』5（2), 31-34
松下敬一郎 1990「農家人口の戦後における出生力低下の実証分析—大正 2-14 年出征の専業農家に対する出生力パイロット調査結果概要」『龍谷大学社会学部紀要創刊号』81-93
守泉理恵 2008「日本における子どもの性別選好—その推移と出生意欲との関連」『人口問題研究』64（1), 1-20
永峰重敏 1997「男女」『雑誌と読者の近代』日本エディタースクール出版部, 18
坂井博通 1996「最近の女児選好の社会人口学的影響」『人口学研究』19, 33-38
佐藤卓巳 2002『キングの時代』岩波書店, 28
佐藤裕紀子 2003「雑誌『主婦之友』にみる大正期の新中間層主婦における家事労働観」お茶の水女子大学生活社会科学研究会『生活社会科学研究』10, 47-61
佐藤裕紀子 2004「大正期の新中間層における主婦の教育意識と生活行動—雑誌『主婦之友』を手がかりとして」『日本家政学会誌』
篠崎正美 2005「ジェンダー化された社会での『女児選好』の考察」『アジア女性研究』14, 90-95
主婦の友社 1965『主婦の友社の五十年』主婦の友社
主婦の友社ホームページ<http://corporate.shufunotomo.co.jp>
杉山四郎 1986「男女産み分けなぜ悪い」『中央公論』101（9), 326-329
高間木静香, 鈴木光子 2010「出生前の胎児の性別告知に対する褥婦の意識」『弘前大学保健学紀要』9, 39-48
竹内房通 2004「子ども観の変遷に関する一考察」『金城学院大学論集人間科学編』29, 1-14
天童睦子 2004「資源としての育児雑誌—育児雑誌の分析から—」天童睦子編『育児戦略の社会学　育児雑誌の変容と再生産』世界思想社

第 10 章

韓仁愛 2008「戦前における乳児保育の実態」『社会福祉学研究』3, 13-23
林雅代, 中根春佳 2005「良妻賢母と職業婦人」『アカデミア　人文・社会科学編』81, 141-159
原たつ子 1998「四人の子育てと教師生活」世田谷女性史編纂委員会編『里から町へ　100 人が語るせたがや女性史』ドメス出版, 90-93
石田あゆう 1998「大正期婦人雑誌読者にみる女性読書形態—『主婦之友』にみる読者像—」『京都社会学年報』6, 163-180
伊藤めぐみ 2004「母性保護論争と主婦論争」『新版家政学事典』朝倉書店, 33
岩見照代 2011「総解説」『時代が求めた「女性像」—大正・戦中・戦後にみる「女の一生」第 14 巻』ゆまに書房, 38

経済企画庁 1997『国民生活白書　働く女性　新しい社会システムを求めて』
木村涼子 1989「婦人雑誌にみる新しい女性像の登場とその変容─大正デモクラシーから敗戦前」『教育学研究』56（4），1-20
木村涼子 2010『〈主婦〉の誕生　婦人雑誌と女性達の近代』吉川弘文館，53-57
国立社会保障・人口問題研究所 2009『第4回全国家庭動向調査結果の概要』
香内信子 1984『資料母性保護論争　解説』ドメス出版
小山静子 1991『良妻賢母という規範』勁草書房
松本園子 2008「戦前期東京における保育事業の展開─明治～昭和戦前期の設置動向の整理と分析」『東京社会福祉士研究』2, 71-96
南博 1965『大正文化』勁草書房, 183-187
村上信彦 1983『大正期の職業婦人』ドメス出版, 12
村瀬敬子 2009「『主婦之友』にみる台所と女性　生活空間の意味変容」高井昌吏, 谷本奈穂編『メディア文化を社会学する─歴史・ジェンダー・ナショナリティ─』世界思想社, 80-107
永原和子 1987「良妻賢母主義教育おける「家」と職業」脇田晴子・林玲子・永原和子編『日本女性史』吉川弘文館
永峰重敏 1997「雑誌と読者の近代」日本エディタースクール出版部, 18
内閣府 2011『平成22年度版子ども子育て白書』
西川祐子 1994「日本型近代家族─住まいと家族モデルの変遷」『国際研究』10, 134-140
佐藤卓巳 2002『キングの時代』岩波書店, 28
佐藤裕紀子 2003「雑誌『主婦之友』にみる大正期の新中間層主婦における家事労働観」お茶の水女子大学生活社会科学研究会『生活社会科学研究』10, 47-61
佐藤裕紀子 2011「大正期における新中間層主婦の時間意識の形成」風間書房, 40-41
嶋野ミツエ 2000「産婆の職業に誇りを持って」ちくほう女性会議編『ちくほうの女性たちの歩み』海鳥社, 45-49
白波瀬佐和子 2005「母親就労の位置づけに関する国際比較研究─男女ともに働きやすい社会をめざして」橘木俊詔編『現代女性の労働・結婚・子育て─少子化時代の女性活用政策』ミネルヴァ書房, 97-120
総務省統計局 2008『平成19年度就業構造基本調査結果』
主婦之友社 1965『主婦之友の五十年』主婦之友社
主婦の友社ホームページ<http://corporate.shufunotomo.co.jp>
東京市役所 1934『職業婦人読書傾向調査』
宇野美代 1987「助産婦ひとすじ五十年」木更津女性史研究会編『木更津の女たち』たけしま出版, 89-97
臼井和恵 2008「身の上相談にみる家族関係」湯沢雍彦編『大正期の家庭生活』クレス出版, 90-104
湯沢雍彦 2010『大正期の家族問題　自由と抑圧に生きた人びと』ミネルヴァ書房, 103

第 11 章

天野信子 2011「1 歳半検診受診者の母親を対象とした離乳食に関する実態調査」『帝塚山大学現代生活学部紀要』7, 55-63

中央教育審議会 1998『新しい時代を拓く心を育てるために』（答申）

中央教育審議会 2004『食に関する指導体制の整備について』（答申）

原田春美・小西美智子・寺岡佐和 2011「子育て不安の実態と保健師支援の課題」『人間と科学』11（1）, 53-62

Hobsbawm, E. and Renger, T. 1983 *The invention of readition.* 前川啓治・梶原景昭訳 1992『創られた伝統』紀伊國屋書店

石毛直道・井上忠司編 1991『国立民族学博物館研究報告別冊　現代日本における家庭と食卓—銘々膳からチャブ台へ』

河合隼雄 2003『縦糸横糸』新潮社, 212

厚生労働省 2005『平成 17 年度乳幼児栄養調査』

厚生省 1999『平成 11 年度版　国民栄養の現状—平成 9 年国民栄養調査成績

Lupton, D. 1996 *Food, the body and the self.* 無藤隆・佐藤恵理子訳 1999『食べることの社会学〈食・身体・自己〉』新曜社

文部科学省 2002『心のノート　小学校』3, 4 年用・中学校用

文部科学省 2004『家庭教育手帳』乳幼児編・小学生（低学年～中学年）編・小学生（高学年）～中学生編

内閣府 2004『男女共同参画社会に関する世論調査』

奥村彪生 2003『聞き書　ふるさとの家庭料理 20　日本の正月料理』

大日向雅美 2009「離乳食で保護者を追い詰めないために—指導ではなくエンカレッジを」『食生活』103（12）, 56-59

表真美 2009「大正期における食卓での家族団らん—『主婦之友』と個人生活誌から」『家政学原論研究』43, 11-21

表真美 2010『食卓と家族—家族団らんの歴史的変遷』世界思想社

総務庁青少年対策本部 1995『子供と家族に関する国際比較調査』

総務省統計局 2006『社会生活基本調査』

瀧井宏臣 2004『こどもたちのライフハザード』岩波書店

辻由美子 1987「手抜きママに人気の即席ベビーフード—スポーツドリンクまで発売される　異常氾濫の不安」『ASAHI Journal』

第 12 章

堀場純矢 2010「子どもの貧困と児童養護施設」『家族関係学』29 号, 455-463

堀口美智子 2002「第 1 子誕生前後における夫婦関係満足度—妻と夫の差異に注目して」『家族関係学』21 号 139-151

井上眞理子 2004「『生殖補助医療』による親子関係」『現代家族のアジェンダ　親子関係を

考える』世界思想社, 91-119
石川周子 2002「夫婦の役割アイデンティティと夫婦関係満足感―育児期における検討」『家族関係学』21 号, 125-137
柏木惠子 2001『子どもという価値』中公新書
小谷部育子 1995「コレクティブハウジング＜視点＞集住の新しいかたち 3」『日本家政学会誌』46 巻 8 号, 1069-1082
久保田裕之 2009『他人と暮らす若者たち』集英社
宮本みち子 2001『若者が「社会的弱者」に転落する』洋泉社
長津美代子, 田井春美 2002「中高年期における夫婦関係の再構築」『家族関係学』21 号, 111-124
日本女子社会教育会 1995『家庭教育に関する国際比較調査報告書』102-103
表真美 2004a「フィンランド総合学校における家族に関する教育―家庭科教科書を中心として」『京都女子大学教育学科紀要』44 号, 96-192
表真美 2004b「〈家族〉教育の社会文化学」井上眞理子編『現代家族のアジェンダ　親子関係を考える』世界思想社, 221-247
表真美 2004c「諸外国の家庭科教科書にみる〈家族〉」『家庭科教育』78 巻 7 号, 40-45
Parsons, T. and Bales, R. F. 1956 *Family: Socialization and interaction process.* London: Routledge and Kegan Paul. 橋爪貞雄ほか訳 1981『家族』黎明書房
総務庁青少年対策本部 1995『子供と家族に関する国際比較調査』52-54
上野千鶴子 1994『近代家族の成立と終焉』岩波書店
宇都宮博 1999「青年がとらえる両親の夫婦関係―親子関係, 家族システムとの関連」『日本家政学会誌』50 巻 5 号, 455-463
許美瑞編 2001『高中家政　家政與生活科技（下）』正中書局
湯沢雍彦 2004『里親制度の国際比較』ミネルヴァ書房

第 13 章

ベネッセ 2008　第 3 回子育て生活基本調査（幼児版）
内閣府 2005『平成 17 年版国民生活白書「子育て世代の意識と生活」』
　　<http://www5.cao.go.jp/seikatsu/whitepaper/h17/01_honpen/>
内閣府 2012『平成 24 年度版子ども・子育て白書』
　　<http://www8.cao.go.jp/shoushi/whitepaper/w-2012/24webhonpen/index.html>
内閣府男女共同参画局　仕事と生活の調和（ワーク・ライフ・バランス）推進ホームページ<http://wwwa.cao.go.jp/wlb/index.html>
杉橋やよい 2007「ジェンダー統計視点による男女間所得格差の国際比較研究―『男性稼ぎ主』を考える」『お茶の水女子大学ジェンダー研究センター年報』10, 117-121

第 14 章

Havighurst, R. J. 1972 児玉憲典・飯塚裕子訳 1997『ハヴィガーストの発達課題と教育』川島書店

森岡清美・望月嵩 1997『新しい家族社会学四訂版』培風館

日本性教育協会編 2007『「若者の性」白書―第 6 回青少年性行動全国調査報告』小学館

宇都宮博 1999「青年がとらえる両親の夫婦関係―親子関係, 家族システムとの関連」『日本家政学会誌』50 巻 5 号, 455-463

あとがき

　本書は京都女子大学研究経費助成による研究のまとめであり、出版にあたっては平成25年度京都女子大学出版助成を受けた。また、調査の実施、調査結果の入力には、当時在籍していた学生の協力を得ている。第Ⅰ部の調査は2008・2009年度卒業生、第4章は神生千暁さん、第5章は西田裕香さん、第6章は宮崎玲伊子さん、第7章は林麻衣子さん、第8章は片山優子さんである。恵まれた研究環境を与えてくれた方々に感謝の意を表する。

　沖縄戦終結の「慰霊の日」には、幼い頃の沖縄戦の悲惨な記憶がトラウマ（心的外傷）となり、体調が悪くなる高齢者がいることが報道されていた。子どもたちに平和な日本を残すためにぜひご寄稿いただきたい、という私の願いに、耐え難い記憶を呼び覚まし、玉稿をお寄せいただいた京都女子大学名誉教授、謝名堂昌信先生には、言い尽くせない感謝の気持ちで一杯である。

　第Ⅰ部の調査には、京都市内の24幼稚園、40保育所の先生方、保護者の方々にご協力いただいた。協力園は以下のとおりである。

　アソカ幼稚園、石田幼稚園、いずみ幼稚園、太秦幼稚園、永観堂幼稚園、衣笠幼稚園、京都幼稚園、京和幼稚園、さくら幼稚園、さつき幼稚園、自然幼稚園、清水台幼稚園、砂川幼稚園、聖光幼稚園、聖マリア幼稚園、泉山幼稚園、相愛幼稚園、とうりん幼稚園、西京極幼稚園、葉室幼稚園、佛教大学付属幼稚園、本願寺幼稚園、松尾幼稚園、安井幼稚園、愛友保育園、石田保育園、石原保育園、太秦保育園、春日野園、上京保育園、上鳥羽保育園、吉祥院保育園、北白川いずみ保育園、衣笠保育園、鞍馬山保育園、向上社保育園、光林保育園、こぐま上野保育園、こばと保育園、下鳥羽保育園、朱七保育所、白菊保育園、昭和保育園、真覚寺保育園、隋林寺保育園、善立寺保育園、待鳳保育園、誕生院保育園、月かげ保育園、つわぶき園、中立保育園、椥辻保育園、西陣和楽園、西本願寺保育園、光の子保育園、ピノキオ保育園、福西保育園、妙秀保育園、妙林苑、村松保育園、ももの木保育園、吉田山保育園、淀白鳥保育園、陵ヶ岡保育園。

あとがき

　先生方には調査票を配布・回収，郵送する多大なお手数をおかけした。保護者の方々にもお忙しい中ご協力をいただいた。厚く御礼申し上げる。合わせて，第4章から第8章までの調査にご協力いただいた近畿地方の小・中学校に感謝申し上げる。これらのご協力がなければ，本書の出版はなかった。

　コラムには，私自身の3人の子どもたちの子育てについても述べた。3人の子どもたちが順調に成長してくれたことで本書の出版に至ったともいえる。感謝しなければならない。

　最後になったが，ナカニシヤ出版の宍倉由高氏にはわがままな私の願いを受け入れていただいた。また，最終稿を厳しく適切にチェックして下さった山本あかね氏に心よりお礼を申し上げたい。

　数々のご恩に報いるように，本書がこれからの子育て，家庭教育に少しでも役立つことを願って止まない。

2013年7月　著者

人名索引

あ

アイゼンバーグ（Eisenberg, M. E.） 75
アインシュタイン 183
青野季吉 91
天野信子 135
安藤智子 28
飯塚理八 89
飯塚裕子 170
石川周子 151
石川武美 118
石毛直道 132
石田あゆう 91
市川房江 118
伊藤セツ 65
伊藤めぐみ 111
稲増龍夫 57
井上忠司 74
井上眞理子 150
岩﨑直子 118
岩見照代 119
上野千鶴子 141
植村花奈 129
宇佐美佳枝 66
氏井かつ子 121
臼井和恵 118
宇都宮博 152, 177
宇野美代 125
エルトン・ジョン 143
エレン・ケイ 111
大塚一心 121
大日向雅美 135
岡野雅子 57
岡本祐子 75

奥村彪生 134
落合恵美子 65
表真美 74, 75, 132, 134, 136, 144

か

海後宗男 49
柏木惠子 150
ガーブナー（Gerbner, G.） 49
神川康子 47
河合隼雄 74, 130
ガンジー 183
川崎末美 75, 80
神原文子 17, 18, 25
木村涼子 112
日下部典子 28
クーパー（Cooper, E.） 75
久保田裕之 153
黒川衣代 75
香内信子 111
小谷真吾 89, 90
児玉憲典 170
小西史子 75
小谷部育子 153
小山静子 112

さ

斎藤学 74
堺利彦 111
坂井博通 90
坂本佳鶴恵 74
佐藤卓巳 91
佐藤裕紀子 90, 91, 113

澤田充 18
篠崎正美 89, 90
嶋野ミツエ 124, 125
下田歌子 111
謝名堂昌信 179, 180
許美瑞 149
白波瀬佐和子 110
杉橋やよい 164
杉山四郎 89
スノウ（Snow, C. E.） 75
瀬戸つや 126

た

田結庄順子 57
高田延彦 152
高間木静香 89
瀧井宏臣 134, 135
竹内博通 90
竹村祥子 17
辰巳理恵子 66
俵真智 155
千葉德爾 90
辻由美子 135
手島聖子 7
寺田隆生 49
天童睦子 91

な

長津美代子 152
中野冬美 18
永原和子 111
永峰重敏 91, 112
ニコル（Nicol, I. L.） 75
西川祐子 126
ノイシュツ（Neuschütz,

K.) 49
ノイマーク-スタイナー
　（Neumark-Stztainer,
　D.） 75
野田聖子　152

は
パーソンズ（Parsons, T.）
　153
ハーディン（Hardin, G.）
　184
ハヴィガースト
　（Havighurst, R. J.）
　169, 170, 172, 174-177
橋元良明　49
林雅代　111
原口雅浩　7
原たつ子　124, 125
原田春美　135
原ひろ子　128
韓仁愛　110
ビールズ（Beals, D. E.）
　75
久田めぐみ　74
平井滋野　75
平塚志保　89
平塚らいてう　111
福田栄子　111
藤田英典　57
二木謙二　115
ホブズボウム（Hobsbawm,
　E.）　129
堀内かおる　66
堀口美智子　151
堀場純矢　152

ま
牧野カツコ　7, 13, 138
松下敬一郎　88
松田歌子　66
松本園子　110
南博　113
宮本みち子　151
向井亜紀　152
無藤隆　49
村上信彦　110, 121, 124,
　126
村瀬敬子　112
室雅子　18
本村めぐみ　18
守泉理恵　89, 90
森岡清美　169

や
柳昌子（Masako Yanagi）
　66
山川菊栄　111
山脇玄　115
湯澤直美　17
湯沢雍彦　119, 152
与謝野晶子　111

ら
ラプトン（Lupton, D.）
　136

事項索引

あ
遊び　41, 42
　　──の伝承　45
育児不安　7, 27
産み分け　89
エンゼルプラン　27
親子関係　152

か
学習塾　41
家事科　133
家事労働　65
家族　141
家庭科　144
家庭教育　4
『家庭教育手帳』　132
基本的生活習慣　47
教育期待　20
金銭感覚　57
金銭教育　61
合計特殊出生率　27
『心のノート』　132
子育て
　　──意識　10
　　──感　7
　　──支援　27
　　──ネットワーク　11
　　──の機会費用　161
子どもの社会化　169

さ
ジェンダー　15, 46
自尊感情　81
しつけ　4, 170
修身科　133
塾・習い事　39
『主婦之友』　91
情操教育　6
消費行動　59
消費者教育　57
食卓　130
女性の雇用労働化　130
新中間層　92
性別選好　89
性別役割分業意識　160
戦争　179

た
体験活動　39
団らん　73
知育　4
登校忌避感　81
道徳心　53, 70

な
習い事　6
妊娠　101
ノーテレビデー　47

は
母親の就労　109
ひとり親　17
ファミリー・アイデンティティ　141
夫婦関係　143
不妊　101
平和　179
ベビーフード　134
母性保護論争　111

ま
モノの豊かさ　57

や
ゆとり　39
養育態度　58

ら
離婚　17
良妻賢母主義　111
ルール　61

わ
ワーク・ライフ・バランス　163

【執筆者紹介】
表　真美（おもて・まみ）
京都女子大学発達教育学部教授
博士（学術）
主著に，『食卓と家族』（世界思想社，2010），『今こそ家政学』
（分担執筆，ナカニシヤ出版，2012），『小学校家庭科の指導』
（分担執筆，建帛社，2010）など。

家庭と教育
子育て・家庭教育の現在・過去・未来
2013 年 11 月 10 日　初版第 1 刷発行

定価はカヴァーに
表示してあります

　　　著　者　表　真美
　　　発行者　中西健夫
　　　発行所　株式会社ナカニシヤ出版
〒606-8161　京都市左京区一乗寺木ノ本町 15 番地
　　　　　　　Telephone　075-723-0111
　　　　　　　Facsimile　075-723-0095
　　　Website　http://www.nakanishiya.co.jp/
　　　E-mail　iihon-ippai@nakanishiya.co.jp
　　　　　　　郵便振替　01030-0-13128

装幀＝白沢　正／印刷・製本＝ファインワークス
Printed in Japan.
Copyright © 2013 by M. Omote
日本音楽著作権協会（出）許諾第 1311351-301 号
ISBN978-4-7795-0798-4
◎東京ディズニーランド，ハウス食品，アリエールなど，本文中に記載されている社名，商品名などは，各社が商標または登録商標として使用している場合があります。なお，本文中では，基本的にTM およびR マークは省略しました。
◎本書のコピー，スキャン，デジタル化等の無断複製は著作権法上での例外を除き禁じられています。本書を代行業者等の第三者に依頼してスキャンやデジタル化することはたとえ個人や家庭内の利用であっても著作権法上認められておりません。